Wilm Brepohl

Neue Überlegungen zur Varusschlacht

2. Auflage

ASCHENDORFF MÜNSTER

Bei diesem Buch (2. Auflage) handelt es sich um eine erweiterte und aktualisierte Fassung des gleichnamigen Beitrags von Wilm Brepohl im Band 31 (2001) der Reihe „Siedlung und Landschaft in Westfalen", herausgegeben von der Geographischen Kommission für Westfalen des Landschaftsverbandes Westfalen-Lippe, Münster.

Der Verfasser dankt ausdrücklich Frau Dr. Gabriele Isenberg (Westfälisches Museum für Archäologie – Landesmuseum und Amt für Boden-denkmalpflege –, Münster), Herrn Prof. Dr. Hans-Joachim Behr (Ltd. Staatsarchivdirektor a.D.), Herrn Prof. Dr. Klaus Temlitz (Geographische Kommission für Westfalen) und insbesondere Herrn Dr. Rudolf Aßkamp (Westfälisches Römermuseum Haltern) für Ermutigung und Unterstützung.

2., durchgesehene und erweiterte Auflage

© 2006 Landschaftsverband Westfalen-Lippe – Geographische Kommission für Westfalen
Verlag: Aschendorff Verlag GmbH & Co. KG, Münster

Satz: Geographische Kommission für Westfalen
Druck: Aschendorff Medien GmbH & Co. KG, Druckhaus Aschendorff, Münster

ISBN 3-402-03502-2

Inhalt

I. Antike Schriftquellen

Bei der Rekonstruktion der Ereignisse rund um die Varusschlacht im Jahre 9 n. Chr. ist die Forschung weitgehend auf antike Schriftquellen angewiesen, soweit der bisherige Wissensstand nicht durch archäologische Erkenntnisse bestätigt oder widerlegt wird.[1] Mag auch die Diskussion über die Lokalisierung des Schlachtverlaufes durch römische Militaria- und Münzfunde am Kalkrieser Berg nördlich von Osnabrück wieder neue Impulse bekommen haben[2], so sind doch einige Aspekte im Bereich der nach wie vor unverzichtbaren antiken Schriftquellen um die sogenannte Varusschlacht neu zu hinterfragen. Als bekannt wird vorausgesetzt, dass die entsprechenden antiken Schriftquellen sich nur nach Kenntnis ihrer jeweiligen Eigenarten und Tendenzen erschließen lassen.[3]

Die antiken Autoren haben ihre Darstellung der Ereignisse um die Varusschlacht zumeist mehr als ein halbes Jahrhundert später niedergeschrieben.

Nur vier historiografische Quellen über den Verlauf der Varusschlacht sind überliefert:

1. Die Darstellung des Zeitgenossen Velleius Paterculus;
2. der Bericht des L. A. Florus aus hadrianischer Zeit, der in sich widersprüchlich ist;
3. die recht ausführliche, an wichtigen Stellen jedoch durch Textlücken und Textkorruptelen beeinträchtigte, in griechisch verfasste Darstellung des Cassius Dio, die sich offenbar auf eine qualitätsvolle, lateinische Primärquelle stützt, und
4. die Nachrichten und Rückverweise in den Annalen des Tacitus, insbesondere der Bericht über das Aufsuchen des Ortes der Varusschlacht durch Germanicus im Jahre 15 n. Chr. Als Hauptquelle diente hierbei die Bella Germaniae

des C. Plinius Secundus d. Ä. (23–79 n. Chr.), wobei Tacitus auch auf die ‚acta senatus' zurückgreifen konnte. Dies ergibt sich aus der großen Übereinstimmung zwischen seinen Berichten und den Dokumenten des für die Regierungszeit des Tiberius besonders ergiebigen Senatsarchivs.[4]

Obwohl diese Darstellungen nicht nur aus römischer, sondern auch aus subjektiver Sicht der jeweiligen Autoren geschrieben wurden, bleiben sie dennoch weiterhin die wichtigste Grundlage für die Rekonstruktion der Ereignisse um die Varusschlacht.[5]

„Die aussichtsreichste Methode, um zu einer sachkritisch einigermaßen befriedigenden Vorstellung vom Ablauf der Varusschlacht zu gelangen, dürfte daher in einer Kombination von Dios relativ ausführlichem Bericht mit Tacitus' Angaben über die Schauplätze und Stadien des Kampfgeschehens bestehen."[6]

II. Die Situation im rechtsrheinischen Germanien zur Zeit des P. Quinctilius Varus

Aufgrund des zweiten Germanien-Kommandos des Tiberius (4/5 n. Chr.) konnte auch das rechtsrheinische Germanien als unterworfen angesehen werden.[7] Cassius Dio (56, 18,2,3) formulierte es u.a. wie folgt: „(2)... ihre Truppen überwinterten dort und gründeten Städte und die Barbaren passten sich an ihre Ordnung an, gewöhnten sich an Märkte und trafen sich in friedlichen Versammlungen. Sie vergaßen freilich nicht ihre traditionellen Bräuche, ihre angestammte Art und ihre auf dem Recht des Waffentragens beruhende freie Lebensweise. (3) Daher waren sie nicht empört über die Veränderung ihres Lebens und bemerkten den Wandel kaum, solange sie nur allmählich und nach einem behutsamen Verfahren ihre alten Gewohnheiten verlernten ...".

Diese Textstelle, wonach im rechtsrheinischen Germanien bereits Städte gegründet wurden, wurde in der Forschung als historisch unzutreffend angesehen, da es bislang keinerlei archäologische Belege für römische Stadtgründungen in diesem Gebiet gab. Die archäologischen Funde und Befunde im hessischen Lahnau-Waldgirmes lassen es angeraten sein, dem Cassius Dio zu folgen.[8] Aufgrund der dortigen Ausgrabungsergebnisse ist S. von Schnurbein der Meinung, dass der Ausgrabungsplatz Waldgirmes im Sinne von Cassius Dio und Tacitus als Stadt oder Colonia zu bezeichnen sei. Er sieht darin zudem „ein Zeichen friedlichen Miteinanders und damit einen Beleg dafür, dass Rom die Lage in Germanien nicht so vollkommen falsch eingeschätzt hat, wie das gelegentlich in die Quellen hinein interpretiert worden ist."[9] Auch in Haltern entwickelten sich nach v. Schnurbein bereits marktähnliche Strukturen.

Der Hinweis allerdings, „sie vergaßen freilich nicht ihre

traditionellen Bräuche, ihre angestammte Art und ihre auf dem Recht des Waffentragens beruhende freie Lebensweise", ist ein wichtiger Schlüssel für die Motive der Germanen, sich später gegen Varus zu erheben. Die religiöse Durchdringung des öffentlichen und privaten Lebens war die Grundlage ihrer germanischen Identität. Alles war durchwoben vom göttlichen Willen, der sich in Vorzeichen, Riten und Kultfesten manifestierte.[10] „Rechtswesen und Kriegswesen, Ding und Heerfahrt sind ebenso religiös geweiht, wie alle wichtigeren Ereignisse des Einzellebens von religiösen Handlungen begleitet sind."[11]

Nach der militärischen Unterwerfung der germanischen Stämme sollte bekanntlich ab 7 n. Chr. durch die Statthalterschaft des P. Quinctilius Varus – wohl auf Weisung des Augustus – der Aufbau einer entsprechenden Provinzorganisation, einschließlich der Vorbereitungen für einen umfassenden Census, vorbereitet werden.[12] Die Erfassung und Heranziehung der unterworfenen germanischen Stämme zu drückenden Census-Leistungen stand in engem Zusammenhang mit den enormen Kosten für die Niederschlagung der Aufstände in Illyrien und Pannonien im Balkangebiet. Rom hatte dadurch große Finanz- und Versorgungsprobleme. Die Intensivierung der Census-Erhebung führte zu erheblichen administrativen und juristischen Eingriffen bei den germanischen Stämmen.[13]

Varus, durch die Heirat mit Claudia Pulchra, einer Großnichte des Augustus mit dem Kaiserhaus verwandtschaftlich verbunden, war 13 v. Chr. mit Tiberius Konsul gewesen. Später wurde er erfolgreicher Prokonsul in Afrika, Statthalter in Syrien und Sieger über die aufständischen Juden.[14] Der erfahrene Beamte Varus hatte somit auch seine Befähigung als militärischer Oberbefehlshaber unter Beweis gestellt. Er schien somit geeignet zu sein, das schwierige Amt eines zukünftigen Statthalters im rechtsrheinischen Germanien auszuüben. Als Statthalter, das heißt als „legatus Augusti pro praetore", in Gallien war er bereits der direkte Vertreter des Augustus und damit kraft Amtes auch Oberbefehlshaber über die „Rheinarmee" und gleichzeitig Amtsinhaber der höchsten zivilen Gerichtsbarkeit und der gesamten römischen Verwaltung.[15]

Dass er letztendlich dennoch in Germanien scheiterte, lag wohl hauptsächlich daran, dass er mit seiner Besatzungspolitik die gesellschaftlichen, religiös begründeten Verhältnisse von Gentilgesellschaften (Stammes- und Sippengesellschaften) ignorierte.[16] Rund 200 Jahre später beschreibt dies Cassius Dio folgendermaßen (56, 18,3,4): „Als aber Quinctilius Varus das Kommando in Germanien übernommen hatte und die Verhältnisse bei ihnen auf Grund seiner Amtsgewalt zu ordnen suchte, war er bestrebt, sie [die Germanen] schneller völlig umzuformen; er gab ihnen generell Befehle, als ob sie schon in Knechtschaft lebten, und trieb von ihnen Tribut ein, wie dies gegenüber Untertanen üblich ist, (4) da ertrugen sie diese Behandlung nicht länger; die Stammesführer, die ihre frühere Machtstellung zurückgewinnen wollten, und die breite Masse, die den altgewohnten Zustand höher schätzte als die Fremdherrschaft, lehnten sich zwar nicht offen auf, da sie sahen, dass viele Römer am Rhein stationiert waren und zahlreiche weitere in ihrem eigenen Land standen." Florus, ein Zeitgenosse des Kaisers Hadrian, hielt diesbezüglich demVarus vor (Florus 2, 31): „Dieser wagte es sogar, eine (Gerichts-)Versammlung einzuberufen, und er hatte sie recht unvorsichtig anberaumt, so als könne er der Wildheit der Barbaren mit den Stäben der Lictoren und der Stimme des Gerichtsdieners Einhalt gebieten."

Mit der Praktizierung des römischen Rechts und der Erhebung von Tributen als dem Beginn, eine römische Provinzialverwaltung aufzubauen, wurde in höchstem Maße die kulturell-religiöse Identität der germanischen Stämme in Frage gestellt.

Dies musste den erbitterten Widerstand vor allem derjenigen gesellschaftlichen Kräfte hervorrufen, die für die Bewahrung und Einhaltung der Sitten und Gebräuche auf Grund göttlichen Rechts Verantwortung trugen, nämlich die Priester und die Stammesadeligen. Militärisch besiegt zu werden, war nach göttlichem Willen hinzunehmen. Dies war durch spätere Kämpfe änderbar. Ein Zerbrechen der heiligen, überlieferten Sitten aber bedeutete über kurz oder lang den Untergang der Stammesgesellschaften. Schon Florus (2, 30) bemerkte in seinem Bericht über Drusus: „Da die Germanen eher besiegt als bezwungen waren, blickten sie unter dem Feldherrn Drusus eher argwöhnisch auf unsere Sitten als auf unsere Waffen ...".

Indem Varus bereits über zwei Jahre im rechtsrheinischen Germanien als Statthalter einer sich nach römischer Auffassung in Entstehung befindlichen Provinz agierte, musste dies zwangsläufig den inneren Unmut aller derjenigen Kräfte der Stammeseliten mehren, die die alten überlieferten germanischen Werte und Strukturen beibehalten wollten. Das wird sicherlich vor allem auch für die Priester gegolten haben, die im unmittelbaren Dienst der Götter stehend, den Willen der Götter zu erforschen und zu verkünden hatten.[17] Doch nicht alle Stammeseliten vertraten diese Position.

Varus, der lange Jahre in Palästina und Syrien erfolgreiche Befriedungspolitik betrieben hatte[18], war von dort her hierarchisch feste Strukturen innerhalb der Führungsschichten gewohnt. Doch dies war gerade bei den germanischen Gentilgesellschaften nicht gegeben. Die Festigkeit und Stabilität und somit die Berechenbarkeit der Stammesautoritäten schwankten und waren oft unübersichtlich. Es bestand insofern ein generelles römisches Dilemma, dass die germanischen Stämme im römisch militärischen Einflussgebiet in ihrer Beziehung zu den Römern keine einheitliche Position einnahmen. Verkürzt könnte es so formuliert werden: Es gab einerseits die konservativen „Traditionalisten" und andererseits die römerfreundlichen „Neuerer", die sich als Realpolitiker für ihre Stämme bessere Lebensbedingungen von einer „Gallisierung" Germaniens erhofften. Die daraus resultierenden innenpolitischen Spannungen gingen mitten durch germanische Stämme, Sippenverbände und Familien, wie es in den antiken Schriften besonders für die Cherusker aufgezeigt wird, wobei hier Segestes und Flavus (Schwiegervater und Bruder des Arminius) vorrangig zu nennen sind.[19] * (Zu den Verwandtschaftsbeziehungen des Arminius siehe S. 112.)

Es ist davon auszugehen, dass die Priester zu den „Traditionalisten" gehörten, die sicherlich bereit waren, ihren Anteil zu einem wie auch immer zu leistenden Widerstand gegen die römische Fremdherrschaft beizutragen. Die Position und der Einfluss der Priester dürften auch zu den wichtigsten Voraussetzungen für die strategische Widerstandsplanung des Arminius gehört haben. Der Einfluss der heimischen Religion – verkörpert durch die Priester – mit ihren Riten und Kulten, mit göttlichen Ge- und Verboten dürfte groß genug gewesen sein, dass selbst die „Neuerer" sich diesem Zwang nicht entziehen konnten. Dies galt erst recht, wenn Beratungen an geheiligten Orten gewissermaßen göttlich sanktioniert wurden. Niemand durfte gleichsam einen Tabubruch begehen und dort Beratenes gegen göttliches Gebot an Unbefugte weitergeben. Da die Führung der germanischen Stämme die militärische Stärke und Überlegenheit des römischen Heeres wiederholt erlebt und erlitten hatte, sie obendrein noch aus „Traditionalisten" und

„Neuerern" bestand, musste Arminius neue Mittel und Wege des Widerstandes gegen die fremden Okkupanten beschreiten, die mit Hilfe der Priester geheim bleiben mussten.

Es ist die Tragik des Varus, die innere, widersprüchliche Struktur der Stammeseliten nicht richtig eingeschätzt zu haben, falls es ihm überhaupt als Problem so deutlich wurde. Es wird von ihm als Selbstverständlichkeit angesehen worden sein, dass es bei jedem gesellschaftlichen Umbruch – und das war die Provinzwerdung des rechtsrheinischen Germaniens für die dortigen Stämme – immer beharrende Kräfte gab, die den Neuerungen gegenüber feindlich gesinnt waren. Wichtig war es ihm, die progressiven Stammeseliten für die gemeinsame Zukunft zu gewinnen.

III. Kultversammlungen als Voraussetzung für die Planung einer Erhebung der Germanen

Über Kult und Religion der germanischen Stämme gibt es nur spärliche antike Berichte, und wenn dann aus Sicht fremder Kulturen und Religionen. Vor allem die entsprechenden Darlegungen des Tacitus in den Annalen (I, 59; XIII, 57) und der Germania (39-40) sind hier zu nennen.[20] Tacitus verweist auf mehrere große Heiligtümer in geheiligten Hainen, die jedoch bislang nicht archäologisch nachgewiesen werden konnten. Sie dienten auch als Versammlungsstätten, wo wichtige Angelegenheiten unter Eid beschlossen wurden.[21] Tacitus (Historien 4, 14,2 und 15,1) berichtet u. a. über Civilis, den Führer des Bataveraufstandes im Jahre 69/70 n. Chr.: „Civilis rief die Großen des Stammes und die Bereitwilligsten aus dem Volk scheinbar zu einem kultischen Mahl in einem Hain zusammen. Sobald er merkte, wie sie sich durch die nächtliche Festfreude erhitzt hatten, begann er vom Lob und Ruhm des Stammes zu reden. Nachdem man ihn mit großem Beifall angehört hatte, ließ er alle nach barbarischer Sitte und unter landesüblichen Verwünschungen schwören."

Allgemein über die Versammlungsgewohnheiten der Germanen schreibt Tacitus in der Germania (11) wie folgt: „Wenn nicht etwas Zufälliges und Plötzliches eintritt, versammeln sie sich zu bestimmten Terminen, entweder bei Neumond oder bei Vollmond, sie halten das nämlich für den verheißungsvollsten Beginn, die Dinge zu behandeln. ... Wie es der Menge passt, lassen sie sich bewaffnet nieder. (2) Durch die Priester, die dann auch das Strafrecht [Bannrecht] ausüben, wird Schweigen geboten. Darauf hört man den König oder die Fürsten, je nach ihrem Alter, ihrem Adel, ihren Auszeichnungen im Kriege und ihrer Redegewandtheit,

wobei ihre Überzeugungskraft mehr [wiegt] als ihre Befehls-
gewalt. Hat eine Meinung Missfallen erregt, verwirft man sie
durch ein Murren, hat sie aber gefallen, schlägt man die
Speere zusammen."

Folgt man Tacitus, so dürfte auch die Planung und Zustim-
mung einer germanischen militärischen Erhebung im Jahre 9
n. Chr. gegen die Truppen des Varus bei geheimen Treffen in
„heiligen Hainen" erfolgt sein. Sicherlich wurden diese Auf-
standsvorbereitungen anfangs wohl nur im engsten Kreis der
Priester und Stammesführer der Cherusker vorbereitet. Nach
Tacitus (Germania, 11) wurden bekanntlich auch die Angelegenheiten, deren Entscheidung beim Volk lag, unter den
Fürsten vorberaten. Einen entsprechenden Hinweis auf solche Versammlungen findet man bei Velleius Paterculus (2,
118,3): „Also weihte er [Arminius] anfangs nur wenige, dann
aber mehrere in seinen Plan ein; er behauptete und überzeug-
te sie davon, dass die Römer überwältigt werden könnten,
ließ diesen Beschlüssen sofort Taten folgen und setzte den
Termin für den Anschlag fest." Allgemein verbindliche
Beschlussfassungen setzen vorherige Beratungen und Ab-
stimmungen an geheiligten Versammlungsstätten voraus.
Auf den Zeitpunkt des festgelegten Erhebungstermines ist
später noch genauer einzugehen.

An gleicher Stelle beschreibt Paterculus (2, 118,2) ein-
drucksvoll die herausragende Persönlichkeit des Arminius:
„Damals gab es einen jungen Mann von vornehmer Abstam-
mung, der persönlich tapfer, schnell von Begriff und über das
Maß der Barbaren hinaus begabt war, er hieß Arminius, der
Sohn des Sigimers, eines Fürsten dieses Stammes; ... das
Feuer seines Geistes verriet sich schon im Blick seiner
Augen. Auf unserem früheren Feldzug war er ein un-
ablässiger Begleiter gewesen, der zu Recht auch die Aus-
zeichnung des römischen Bürgerrechts, den Rang eines Rit-

ters erlangt hatte."[21] Es ist davon auszugehen, dass Arminius
Kommandeur germanischer Auxiliareinheiten gewesen war,
und zwar für die Kavallerie. Hierfür spricht u.a. Folgendes:
Die Beschreibung des Arminius durch seinen Zeitgenossen
Velleius Paterculus lässt darauf schließen, dass beide wohl
über einen längeren Zeitraum als Kriegskameraden u.a. an
der Unterdrückung des illyrischen Aufstandes in Pannonien
beteiligt waren.[22] Da Velleius Paterculus nach eigenem
Bekunden (Velleius Paterculus 2, 104, 3) Reiterpräfekt unter
Tiberius war, spricht sehr viel dafür, dass Arminius, den er
als sehr vertrauten Kriegskameraden beschreibt, ebenfalls
Kommandeur, also Präfekt, von germanischen Kavallerieein-
heiten war. Dies wird auch dadurch gestützt, dass die Kom-
mandeure von Auxiliareinheiten aus dem Ritterstand stamm-
ten. Damit Arminius aufgrund seiner Befähigung jedoch
Kommandeur solcher Einheiten werden konnte, musste er
gleichsam als Beförderungsvoraussetzung vorher erst in den
„gradus equester", in den römischen Ritterstand, erhoben
werden. Dies konnte nur direkt durch Augustus erfolgen.[23]
Erst dieser cheruskische Fürstensohn, der als römischer Ritter und kriegserfahrener Militärführer die römische Militärstrategie und -taktik genau kannte, vermochte es, die
germanischen Stammeseliten zum militärischen Aufstand zu
bewegen bzw. zu überreden.

Eine mögliche, die beteiligten Germanen überzeugende
Strategie des Arminius könnte folgende gewesen sein: Varus
befand sich mit seinen Legionen friedensmäßig[24], also auch
mit dem gesamten zivilen Tross, in großer räumlicher
Distanz zu den rheinischen Standlagern im Sommerlager an
der Weser. Varus musste nun vor allem durch Arminius dazu
gebracht werden, auf dem Rückmarsch in die Winterquartie-
re sich an einem bestimmten, strategisch für die Germanen
günstigen Ort zu einem bestimmten Anlass mit den germani-

schen Stämmen in aus römischer Sicht friedlicher Absicht zu treffen. Die Krieger der germanischen Stammesverbände mussten zahlenmäßig an die der römischen Truppenstärke herankommen, diese möglichst sogar noch übertreffen. Die Konzentration solch starker germanischer Stammesverbände konnte den Römern jedoch nicht verborgen bleiben. Sie musste also dem Varus gegenüber als militärisch nicht bedrohlich begründet werden. Die konkrete Erhebung musste auch aus logistischen Gründen zu einem lange vorher bekannten Zeitpunkt stattfinden; zudem musste sichergestellt sein, dass die germanischen Auxiliareinheiten sich der Erhebung anschließen würden.

Für das Vorliegen all dieser notwendigen Voraussetzungen zur Planung einer erfolgreichen militärischen Erhebung gegen die Römer dürfte Arminius überzeugende Argumente vorgetragen haben, denen die Stammeseliten zum Zeitpunkt der geheimen Versammlungen zustimmen konnten.

IV. Das Sommerlager des Varus an der Weser im Jahre 9 n. Chr.

Varus war, nachweislich der Schriftquellen, mit drei Legionen der römischen „Rheinarmee", drei Reiterabteilungen und sechs Kohorten (so Velleius Paterculus 2, 117,1) im Sommer 9 n. Chr. ins Kerngebiet der Cherusker an die Weser gezogen (Cassius Dio 56, 18,5). Wo die beiden übrigen Legionen der Rheinarmee zu diesem Zeitpunkt stationiert waren, erschließt sich nicht unmittelbar aus den vorliegenden Schriftquellen. Sie standen unter dem Kommando des Legaten L. Asprenas, einem Neffen des Varus (Velleius Paterculus 2, 120,3). Aller Wahrscheinlichkeit nach befand sich Asprenas mit seinen Legionen südlich in beträchtlichem Abstand zum Sommerlager des Varus. Für Varus handelte es sich beim Beziehen des Sommerlagers um eine spektakuläre Demonstration römischer Macht, die primär nach Osten gegen die mit dem Marbod-Reich in Böhmen eng verbundenen Elbgermanen gerichtet gewesen sein dürfte.[25] Dagegen will eine Mindermeinung im Sommerlager des Varus „im Verlauf der sich in Richtung Nordosten erstreckenden Hauptversorgungsroute die Grundlage für eine zukünftige Verwaltungszentrale inmitten der rechtsrheinischen Germanen" sehen.[26]

Die Forschung ist sich jedoch nicht einig, ob das Sommerlager nun an der Weser oder auf dem Wege zur Weser hin lag.[27] Folgende Erwägungen sprechen m. E. für ein Sommerlager des Varus an der Weser: Hier befand sich Varus nicht nur mitten im Siedlungsraum der Cherusker, denen die Römer vertrauensvoll eine Vorrangstellung einzuräumen bereit waren (Strabon: Geographica 7, 1,4)[28], sondern konnte auch die logistischen Vorteile nutzen, die ein Fluss als Transportweg bietet.

Von den Lippequellen im Raum Paderborn verlaufen uralte Handelsrouten und Heerwege entlang dem Emmerlauf zum Weserübergang im Raum Hameln und entlang dem Nethelauf zum Weserübergang im Raum Höxter.[29] Auf diesen Hauptstrecken konnten die Legionen und der große Tross relativ problemlos weite Entfernungen zurücklegen.

Allerdings konnten sie auf Wegen bzw. Straßen über große Distanzen nicht gleichzeitig mit dem erforderlichen Nachschub versorgt werden. Die Schifffahrt auf Flüssen war daher ein bedeutender Faktor bei allen militärisch logistischen Berechnungen.[30] Das große logistische Problem schlechthin stellten die Fortbewegungsmittel zu Lande dar. „Der Ochse war das wichtigste Zugtier in der Antike, Maulesel und Esel waren beinah genauso wichtig, während das Pferd kaum benutzt wurde. Alle drei – Ochsen, Maulesel und Esel – waren langsam und gefräßig."[31]

Der jährliche Getreidebedarf einer Legion von 6000 Mann wird auf mindestens 1500 Tonnen (wahrscheinlich ohne Legionsreiterei), der einer Kohorte auf 125 Tonnen und der einer Ala auf 250 Tonnen geschätzt, ohne die anderen Lebensmittel wie Fleisch, Käse, Gemüse, Salz, Olivenöl und Wein.[32] Hinzu kommt der Nahrungsbedarf für die Nichtkombattanten des Trosses und die jeweiligen Hilfstruppen. Wenn man berücksichtigt, dass Varus außer einer großen Streitmacht von 3 Legionen, 6 Kohorten und 3 Alen sowie dem Tross für das Militär auch mit dem großen zivilen Verwaltungs- und Dienstleistungsapparat eines Statthalters das Sommerlager bezog, dann wird deutlich, welche enormen Nachschubprobleme gemeistert werden mussten, um stets genügend Proviant zu haben.

Im Gegensatz zur Kriegsführung in Gallien unter Caesar war es großen römischen Militärverbänden im rechtsrheinischen Germanien nicht möglich, genügend Nahrung innerhalb des Operationsgebietes, also bei den germanischen Stämmen, sicherzustellen. Moore, grund- oder stauwasserfeuchte Niederungen sowie starke Bewaldungen schränkten für die dort siedelnden Germanen den landwirtschaftlich als Ackerfläche nutzbaren Raum erheblich ein.[33] Das belegt auch eine Textstelle bei Cassius Dio (54, 33,2), wonach 11 v. Chr. der Feldherr Drusus die Weser überschritten hätte, wenn nicht Proviantmangel bestanden und der Winter eingesetzt hätte.

Die vorab genannten Nachschubkontingente ausschließlich nur auf dem Landwege zur Weser zu transportieren, hätte einen enormen logistischen Aufwand an Transportkapazität und Personaleinsatz zur Folge gehabt. Als Transportmittel zu Lande standen dem römischen Heer vor allem Maultiere als Trag- oder Zugtiere für die Wagen zur Verfügung. Die römische Legion verfügte als Nachschubfahrzeug über den carrus, der, meist von zwei Maultieren gezogen, eine Ladekapazität von bis zu fünf Zentnern hatte.[34] Schwerlasten wurden auch von Ochsen gezogen. Die Nutzlast eines Tragtieres wird zwischen 120 bis 150 kg angenommen. Geht man davon aus, dass ein Trosswagen nur von einem Fahrer begleitet wurde und ein Treiber zwei Tragtiere führte, so benötigte man beispielsweise für 30 t Nutzlast 200 Tragtiere mit 100 Treibern oder 152 Trosswagen mit 304 Maultieren und 152 Fahrern.[35]

Zur Lösung der genannten Nachschubprobleme wird Varus daher unverzichtbar auf Schiffe zurückgegriffen haben müssen, um das Sommerlager mit genügend Proviant versorgen zu können. Die erheblich größere Ladekapazität und der geringere Personalbedarf bei Schifftransporten glichen längere Transportstrecken mehr als aus. Die Weser, nach der Elbe der größte Fluss im rechtsrheinischen Germanien, der direkt in die Nordsee mündet, bot sich als Wasserstraße direkt für römische Frachtschiffe an, um ihre Proviantladungen für die römischen Einheiten tief ins germanische Hinterland zu bringen. Für die Bedeutung, die die Weser für die römische Militärführung gehabt haben wird, scheint auch ein römischer Militärstützpunkt in Bremen zu sprechen.[36] Schiffbare Flüsse für ihre Militäroperationen zu nutzen, war auch stets ein militärisch logistisches Kalkül der römischen Führung; es war gleichsam Bestandteil der römischen Militärstrategie. Deswegen waren auch die bislang bekannten römischen Militärlager an der Lippe errichtet worden, wo sie per Schiff mit Nachschub versorgt werden konnten. Der taktisch kluge und vorausplanende Tiberius unternahm deshalb seinen Feldzug (5 n. Chr.) auf dem Landweg zur Elbe erst dann, als er sich dort mit seiner Flotte treffen konnte, wie es Velleius Paterculus (2, 106,3) im Folgenden beschreibt: "... dank der Sorgfalt des Feldherrn vereinigte sich unter Einhaltung des Zeit(planes) die Flotte, die die Elbe hinaufgefahren war, nach einem Sieg über zahlreiche Völker mit einer überreichen Menge aller möglichen Güter mit dem Heer und mit Caesar [Tiberius]". Auch Germanicus setzte für den Feldzug des Jahres 16 n. Chr. verstärkt auf die Flotte, weil er nach Tacitus (Ann. II, 5,4) u. a. so den Krieg früher beginnen und die Legionen zusammen mit dem Proviant befördern konnte.[37]

Varus wird unabhängig von der Lösung des Nachschubproblems auch deshalb das Wesertal im Kerngebiet der Cherusker für sein Sommerlager genutzt haben, weil es klimatische Vorzüge aufweist; denn das Oberwesertal und die Täler der Nebenflüsse stellen sich bezüglich der vorherrschenden Südwestwinde im Windschatten des Berglandes als ausgesprochen klimatische Vorzugsräume dar.[38]

Ein weiterer wichtiger Grund, das Sommerlager an der Weser zu errichten, bestand im enormen Frischwasserbedarf. Das Heer des Varus mit dem großen zivilen Apparat und dem

Tross des Statthalters hatte einen sehr großen täglichen Wasserbedarf, der an der Weser problemlos befriedigt werden konnte. Das gilt nicht nur für Trinkwasser und Gebrauchswasser für die Reinigung und Hygiene von Tausenden von Menschen, „um Seuchen und Krankheiten vermeiden", sondern auch für die zahlreichen Trag-, Zug- und Reittiere, die überdies beiderseits der Weser Weidefutter finden konnten.[39]

Wo dieses Sommerlager des Varus an der Weser hätte sein können, ist nicht belegt. Bislang sind Hinweise auf das Sommerlager des Varus an der Weser nicht entdeckt worden. Es wurde von verschiedenen Autoren u. a. bei Minden, Hameln, Höxter und Herstelle vermutet.[40] Es spricht einiges dafür, das Sommerlager an der Weserfurt im Gebiet des heutigen Hameln zu suchen: Über diese Furt führt einer der ältesten und bedeutendsten Fernhandelswege zwischen Rhein- und Elbegebiet, da hier durch eine Flussinsel als Werder der Weserübergang, wie u. a. auch in Minden, erleichtert wird. Oberhalb der Flussinsel befindet sich zudem eine Felsbarre im Fluss, die ein massives Schifffahrtshindernis darstellte.[41] Weseraufwärts kommende Schiffe mussten dort in Hameln anlegen, da eine Weiterfahrt ohne umständliche Umladung der Fracht auf andere Schiffe nicht möglich war. Zumindest für das Mittelalter ist das noch belegt.[42]

Diese örtlichen Gegebenheiten machen es wahrscheinlich, den Werderübergang in Hameln als Endpunkt der römischen Weserschifffahrt anzusehen. Wenn dem so ist, dürfte auch das Sommerlager eben an diesem Endpunkt mit Anlegemöglichkeit und günstigem Flussübergang gelegen haben. Inwieweit die Flussinsel, die Schutz bieten könnte, dabei eine Rolle spielte, sei dahingestellt.

Cassius Dio (56, 18,5) will dieses Sommerlager des Varus nicht als genau geplante römische Anlage, sondern ausschließlich als Ergebnis germanischer Intrigen sehen: „..... sie empfingen vielmehr Varus, als ob sie alle Befehle ausführen würden, lockten ihn aber weiter vom Rhein fort ins Cheruskerland und zur Weser und verkehrten mit ihm auch dort überaus friedfertig und freundschaftlich." Auch Velleius Paterculus (2, 117,3.4) will bereits das Sommerlager an der Weser als große Fehlentscheidung des Varus sehen: „..... als er das Kommando über das Heer in Germanien innehatte, besaß er die Vorstellung, [die Germanen] seien Menschen, die nur Stimme und Körperbau mit Menschen gemein hätten und die man nicht mit Schwertern bezwingen, [sondern] nur durch das Recht zähmen könne. (4) Mit diesem Vorsatz drang er mitten in Germanien ein, als ginge er zu Männern, die den süßen Frieden lieben, und er verpasste den Sommerfeldzug durch Rechtsprechung und durch sein Wirken für die [Rechts]ordnung vor seinem Tribunal."

Mit dem Abstand von zwei Jahrhunderten wirft ihm Cassius Dio (56, 19,1) militärische Fehlentscheidungen vor: „Daher konzentrierte Varus seine Legionen nicht, wie es im Feindesland richtig gewesen wäre, sondern kommandierte von ihnen viele [Soldaten] zu denjenigen ab, die ihn hierum baten, weil sie zu schwach seien, etwa zur Bewachung gewisser Plätze, zur Sicherung von Proviantkolonnen." Auch dieser Vorwurf lässt außer Acht, dass sich Varus nach den gleichen antiken Schriftquellen, die die Zeit vor 9 n. Chr. behandeln, sich gerade nicht wie in Feindesland fühlen musste.

Der Vorwurf, Varus habe seine Truppen durch leichtfertige Abkommandierungen geschwächt, berücksichtigt nicht, dass die Lippe-Lager bereits vorher mit Vexillationseinheiten – d. h. Teilen von Legionstruppen oft in Kombination mit Auxiliarverbänden – belegt waren. „Insbesondere wird man die Passdurchgänge vom Lippetal bzw. von der münsterschen Bucht über Osning und lippisches Bergland zur Weser

hin jeweils durch Wachtposten und Kleinkastelle (praesidia)
gesichert haben; östlich der Weser und jenseits des zentralen
Cheruskergebietes aber dürfte sich die römische Präsenz und
Herrschaft im Wesentlichen auf die von den unterworfenen,
foederierten Civitates zu bildenden Auxiliartruppen unter
römischen Kommandeuren und Subalternoffizieren – d. h.
oft auch unter einheimischen Fürsten und Adeligen, denen
Präfektenrang und römisches Bürgerrecht verliehen worden
war – gestützt haben." [43] In diesem Zusammenhang ist möglicherweise auch der Wachtposten aus augusteischer Zeit auf
der Sparrenberger Egge in Bielefeld zu sehen.[44] Seine Lage
auf dem Bergkamm gibt einen sehr weiten Blick nach Nor-
den frei. Die Wachtposten hatten keinen Verteidi-
gungszweck, sondern dienten der Überwachung von Grenzen und Straßen wie auch der Nachrichtenübermittlung.

Auch wenn vorherige Abkommandierungen die volle Sollstärke der römischen Einheiten im Sommerlager des Varus
von eigentlich 25.000 Soldaten reduziert haben sollten,[45] so
scheint es dennoch festzustehen, dass die sich auf dem Marsch
befindlichen römischen Einheiten des Varus die Kampfkraft
von drei Legionen besaßen. Die römische Feldarmee war
somit durch vorangegangene sogenannte Detachierungen
nicht wesentlich in ihrer Mannschaftsstärke geschwächt worden und verfügte über eine normale Abdeckung durch Reiterei und Auxiliarinfanterie (Suet. Aug. 23,1).[46]

Diese Auffassung stützt sich auf die Aussage des Tacitus
(Ann. I, 61,2), wonach das erste Marschlager des Varus nach
den germanischen Überfällen, „sich dem weiten Umfang und
den Ausmaßen des Hauptquartiers nach als Werk dreier
Legionen" erwiesen habe.[47] Dieses ist ein eindeutiges Indiz
dafür, dass auch die bis zur Errichtung des Marschlagers
erlittenen römischen Verluste an Soldaten relativ gering
gewesen sein müssen.

V. Wachsende germanische Unruhen

Durch die massiven Bestrebungen Roms, das rechtsrheinische Germanien zur römischen Provinz zu machen, sind vor allem durch die Census-Erhebung und durch die römische Rechtsprechung über sich als frei fühlende Germanen erhebliche Unruhen entstanden, die dem Varus nicht verborgen geblieben sein dürften.[48] Diese wachsende Unruhe vieler Germanen schildert Florus (2, 30,32) in wohl gewollter Überspitzung: „... jene aber, die es schon längst schmerzte, dass ihre Schwerter verrosteten und ihre Pferde schlapp würden, griffen unter Führung des Arminius zu den Waffen, sobald sie merkten, dass Togen und Recht grausamer waren als Waffen."

Selbst im Jahre 15 n. Chr., also Jahre nach dem Untergang des Varus, hatte sich dieses Gefühl der drohenden Fremdbestimmung, des Verlustes der germanischen Identität, noch bei so vielen Germanen festgesetzt, dass Arminius auf die Nachricht hin von der Gefangennahme seiner Frau durch römische Truppen die Germanen nur an diese schmachvolle Zeit erinnern musste, um sie zum Krieg gegen die Römer anzuspornen. Tacitus (Ann. I, 59,4.5) lässt den Arminius u. a. sagen: „Die Germanen würden niemals zur Genüge verzeihen, dass sie zwischen Elbe und Rhein Rutenbündel, Beile und die Toga gesehen hätten. (5) Die anderen Völker hätten in ihrer Unkenntnis der römischen Herrschaft (noch) keine Hinrichtungen erfahren und keine Tribute kennengelernt."

Sollte es Hinrichtungen von freien Germanen durch die römische Besatzungsmacht gegeben haben – wovon auszugehen ist –, bedeutete dies einen ungeheuerlichen, frevelhaften Verstoß gegen uraltes, heiliges germanisches Recht. Verfahren über Todesstrafen durften nur im vorgegebenen Rahmen an den heiligen Versammlungsorten durchgeführt werden (Tacitus, Germania 12). „Übrigens ist es allein den Priestern erlaubt, zu strafen oder zu fesseln oder auch nur zu züchtigen, (und zwar) nicht wie zur Strafe und auch nicht auf Befehl des Heerführers, sondern wie auf Geheiß des Gottes, der, wie sie glauben, den Kämpfern beisteht" (Tacitus, Germania 7,1).

Es musste nun Teil des germanischen Aufstandplanes sein, Varus durch germanische Vertrauenspersonen von den o. g. zivilen Unruhen zu berichten und ihn dazu zu bewegen, an einem bestimmten Ort zu einer bestimmten Zeit mit seiner starken Militärmacht potentiellen Aufrührern die römische militärische Überlegenheit eindrucksvoll vor Augen zu führen, um damit eventuelle Aufstandspläne von vornherein als aussichtslos erscheinen zu lassen. Diese Vertrauenspersonen waren Arminius und Segimer. Als römischer Ritter und glänzend bewährter Militärführer war es für Arminius ein Leichtes, das Vertrauen des Varus zu erringen. Arminius beherrschte nicht nur die lateinische Sprache, sondern er konnte auch in römischen Kategorien denken. Es verwundert daher nicht, dass ihn Varus bei seinem Sommerlager an der Weser gern und oft zu seinen Gästen zählte, wie es Cassius Dio (56, 19,2) beschreibt: „Die Hauptverschwörer und Anführer bei dem Anschlag und in dem Krieg waren neben anderen vor allem Arminius und Segimer[49], die stets in seiner Nähe waren und oft zu seinen Gästen zählten."

Es musste für römisches Denken unfassbar sein, dass ein so römisch zivilisierter und hochbegabter Mann wie Arminius, der das römische Weltreich sowohl zivilisatorisch als auch militärisch in voller Blütezeit wahrscheinlich in Rom selbst erlebt hatte, dem alle römischen Ehrungen für einen Fremden zuteil wurden, dass ein solcher Mann wieder barbarisches Stammesdenken und „heidnische Unsitten und

Gebräuche" annehmen sollte.

Arminius galt daher zweifelsohne für Varus und für seinen Generalstab als die Vertrauensperson schlechthin. Viele hochrangige Offiziere werden ihn wahrscheinlich noch aus gemeinsamen Kriegszügen gekannt und geschätzt haben. Als „einer von ihnen" werden sie in Arminius die herausragende Persönlichkeit gegen die unbelehrbaren „Traditionalisten" bei den Cheruskern gesehen haben, die Vertragserfüllung des 4 n. Chr. zwischen Tiberius und den Cheruskern geschlossenen Vertrages (Velleius Paterculus 2, 105) zu garantieren.

Es müssen demnach für Arminius zwischenzeitlich so grundlegende Dinge geschehen sein, er muss solchen prägenden Einflüssen ausgesetzt worden sein, dass er vom Römerfreund zum geheimen Wortführer der germanischen Romgegner wurde. Ein wesentlicher Grund für das Verhalten des Arminius könnte darin liegen, dass er nach dem Tod seines Vaters Sigimer, eines Cheruskerfürsten, dessen Erbe mit allen Rechten und Pflichten anzutreten hatte, einschließlich der engen Bindung an Priesterschaft und Sippe.[50] Die Tatsache, dass Sigimer in keiner Textstelle als handelnde Person beschrieben wird, sondern nur als Vater des Arminius (Velleius Paterculus 2, 118,2) Erwähnung findet, lässt die berechtigte Vermutung zu, dass er um 9 n.Chr. schon tot war. Auch das Streitgespräch des Arminius mit seinem jüngeren Bruder Flavus am Weserufer 16 n. Chr. setzt voraus, dass der gemeinsame Vater schon seit längerem verstorben war. Es wird nur die Mutter erwähnt (Tacitus, Ann. II, 10,1).[51] Obwohl dieser Dialog beider feindlichen Brüder natürlich von Tacitus nicht im Originalwortlaut wiedergegeben ist, sondern als stilistisches Mittel eingesetzt wurde, so dürfte damit dennoch realistisch die jeweilige Position beider Brüder geschildert worden sein.

Arminius hat sich bei seiner Heimkehr ins heimatliche

Stammesgebiet Einflüssen von religiöser und verwandt-
schaftlicher Seite geöffnet, die seine innere Rückkehr zur
geistigen und religiös-kulturellen Vorstellungswelt seines
Stammes vorbereiteten. Mittelbar ist dies aus dem von Tacitus (Ann. II, 10) wiedergegebenen o. g. Streitgespräch mit
seinem Bruder Flavus zu entnehmen: „... der andere [Armi-
nius sprach] von der Pflicht gegenüber dem Vaterland, der
angestammten Freiheit, den heimischen Göttern und der
Mutter, die an seinen Bitten teilhabe, er wolle doch nicht lie-
ber ein Überläufer und Verräter an seinen Verwandten und
Verschwägerten und überhaupt an seinem Volk sein als ein
Feldherr." Neben dem Hinweis auf die heimischen Götter
Germaniens ist zu beachten, dass Arminius danach sofort die
gemeinsame Mutter erwähnt. Für die Germanen ist die Ach-
tung und besondere Ehrung der Frauen nichts Ungewöhnli-
ches wie Tacitus (Germania 8,2) schreibt: „Da sie sogar glauben, dass [den Frauen] etwas Heiliges und Seherisches inne-
wohnt, verwerfen sie weder ihre Ratschläge noch missachten
sie ihre Antworten." Die weitere Erwähnung, nicht Verräter
an seinen Verwandten und Verschwägerten sein zu wollen,
macht die tiefe Verwurzelung im germanischen Sippenden-
ken deutlich.

　　Die religiöse Beziehung zu den Göttern und das Vertrauen
auf den Schutz der Sippe waren unverrückbare Eckpfeiler
des germanischen Handelns und Denkens.[52] Dies wird an
einer anderen Textstelle in Tacitus Germania (7,2) besonders
deutlich: „... und sie nehmen gewisse Abbilder und Figuren,
die sie aus den Hainen holen mit in die Schlacht, und – und
darin liegt ein besonderer Anreiz der Tapferkeit – nicht die
Umstände oder das zufällige Zusammenrotten, sondern
Familien und Sippen bilden einen Reitertrupp oder einen
Keil."

　　Es dürfte aber wohl noch einen weiteren Grund für Arminius geänderte Haltung gegenüber den Römern gegeben haben. Als hochrangiger Militärführer hatte er wie ein Römer in aufbegehrenden fremden Stämmen und Völkern lediglich Feinde gesehen, die es zum Wohle Roms mit allen Mitteln niederzumachen galt. Jetzt als ein Stammesfürst erlebte er bewusst die Römer als Besatzungsmacht, die mit allen Machtmitteln ihre Interessen durchzusetzen pflegten. Die brutale Anwendung römischen Rechts und die Census-Einführung werden Arminius zutiefst verletzt haben. Dies lässt sich auch aus seinen Aufrufen zum gemeinsamen Kampf gegen Germanicus im Jahre 15 n. Chr. ablesen.[53]

Das Vorgehen des Varus, diese Politik gewaltsam durchzusetzen, wird Arminius als einseitigen Bruch des Vertrages angesehen haben, den die Cherusker mit Tiberius geschlossen hatten. Das dürfte für Arminius Grund genug gewesen zu sein, den Vertrag für ungültig anzusehen.

VI. Bericht über einen angeblichen Aufstand und die Warnung des Varus durch Segestes

Die antiken Schriftquellen sind in diesem Punkt auffallend unpräzis, schwammig und auch in sich nicht schlüssig. Der Zeitzeuge Velleius Paterculus (2, 118,4), der selbst Legat in Germanien unter Tiberius gewesen war, schrieb etwa 20 Jahre nach der Varusschlacht von dem von allen Germanen beschlossenen Anschlagsplan des Arminius, dessen Termin bereits feststand: „Varus wurde das durch einen treuen und vornehmen Mann aus jenem Stamm namens Segestes aufgedeckt". Auch Florus (2, 33) spricht von einer Verschwörung, die Segestes gegenüber Varus aufgedeckt habe. Tacitus (Ann. I, 55,2) schreibt gleichsam in einer Rückblende bei der Beschreibung des Germanicusfeldzuges aus dem Jahre 15 n. Chr.: „Segestes hatte dem Varus mehrfach und (noch) bei dem letzten Gastmahl, nach dem man an die Waffen ging, enthüllt, dass man einen Aufstand vorbereite und geraten, ihn selbst, Arminius und die übrigen Großen gefangenzunehmen." Dagegen erwähnt Cassius Dio den Segestes überhaupt nicht; dafür gibt er den einzigen Hinweis auf eine entferntere Empörung (56, 19,3): „Wie er [Varus] nun völlig sicher zu sein glaubte, ... da empörten sich nach geheimer Absprache zuerst gewisse weiter entfernt lebende [Germanen]."

Die Rolle des Segestes ist auf Grund der Quellenlage als ausgesprochen dubios anzusehen. Nach dem Tod des Varus und seines gesamten Stabes konnte er sich später gegenüber dem Germanicus ohne lästigen Zeugen ungestraft als treuer Römerfreund darstellen, der den verblendeten Varus vergeblich vor dem Hinterhalt des Arminius gewarnt hätte. Erst sechs Jahre nach der Varusschlacht, als er von einer Übermacht der Stammesgenossen unter Führung des Arminius belagert wurde, bat er Germanicus um Hilfe (Tacitus, Ann. I, 57,1).

Nach der erfolgreichen Befreiung durch Germanicus rechtfertigte sich Segestes ihm gegenüber nach Tacitus (Ann. I, 58,2) wie folgt: „Also habe ich den Räuber meiner Tochter, Arminius, der das Bündnis mit euch brach, bei Varus, der seinerzeit das Heer führte, angeklagt. Als ich dank der Trägheit des Feldherrn vertröstet wurde, drängte ich ihn, weil Gesetze zu wenig Schutz boten, dass er mich, Arminius und die Mitwisser verhafte: Jene Nacht ist Zeuge, wäre sie doch meine letzte gewesen!"

Vorher schildert jedoch Tacitus (Ann. I, 55,3) als wohl eigentliche Triebfeder des Segestes, Zuflucht bei den Römern zu suchen, dessen tiefen Hass auf Arminius: „ .... der Hass vermehrte sich (noch) im privaten Bereich, weil Arminius dessen Tochter, die einem anderen versprochen war, geraubt hatte. Der Schwiegersohn war verhasst, die Schwiegereltern verfeindet und was bei Einträchtigen die Bande der Liebe sind, waren bei den sich feindlich Gesinnten Triebkräfte des Zorns." Die Aussage des Tacitus, dass Arminius sich mit Thusnelda gegen den Willen ihres Vaters Segestes ehelich verbunden hatte – und das nach einem Frauenraub – dürfte zumindest ein eklatanter Verstoß gegen den gültigen Sittenkodex gewesen sein, wenn er nicht nachträglich mit Willen des Brautvaters sanktioniert wurde. Da davon nicht auszugehen ist, dürften der Segestes und auch der vorgesehene Bräutigam zutiefst in ihrer Ehre verletzt worden sein, was auch für ihre Sippen gegolten haben dürfte.

Es dürfte jedoch feststehen, dass Segestes von dem am heiligen Versammlungsort beschlossenen Aufstandsplan wusste und als beteiligter Stammesadeliger durch heiligen Eid an die dortigen Beschlüsse gebunden war. Tacitus (Ann. I, 55,3) wusste, dass Segestes selbst aktiv mitgekämpft haben muss: „Obgleich er durch die Einmütigkeit des Stammes in den Krieg gezogen war." Auch Segimund, der Sohn des Segestes, war aktiv am Aufstand beteiligt, denn „zum Priester beim Altar der Ubier gewählt, hatte er in dem Jahr, in dem Germanien abgefallen war, nämlich die Kopfbinden zerrissen und war zu den Aufständischen übergelaufen" (Tacitus, Ann. I, 57,2). Ebenfalls war Segimer, Bruder des Segestes, führend am Krieg gegen Varus beteiligt und dessen Sohn Sesithacus soll seinen Spott mit dem Leichnam des Varus getrieben haben (Tacitus, Ann. I, 71,1).

Dies alles sind Punkte, die die Aussage des Segestes in Frage stellen. Für die wohl nicht nur erzwungene aktive Teilnahme des Segestes an der Varusschlacht spricht auch, dass nach dem Aufbrechen der feindlichen Belagerung des Wohnsitzes des Segestes durch Germanicus dort anschließend noch Kriegsbeute aus der Varusschlacht gefunden wurde. „Man trug auch Beutestücke von der Niederlage des Varus zusammen, die vielen von denen, die sich nun ergaben, [seinerzeit] von der Beute ausgeteilt worden waren" (Tacitus, Ann. I, 57,5). Aus all dem ist der Schluss zu ziehen, dass Segestes aus persönlichen, hassgeleiteten Motiven sich nachträglich zum treuen Römerfreund erklärte, im Bewusstsein, dass kein römischer Zeuge seine angebliche Warnung gegenüber Varus widerlegen könne.

Germanicus dürfte es auch letztendlich darum gegangen sein, die Cherusker durch eine gütige Aufnahme des Segestes samt Gefolge zu schwächen. „In einer gütigen Antwort versprach Caesar [Germanicus] seinen Kindern und Verwandten Straflosigkeit und ihm selbst eine Wohnstätte in der alten Provinz" (Tacitus, Ann. I, 58,5). Das hinderte Germanicus 17 n. Chr. nicht daran, die Kinder des Segestes, seinen Sohn Segimund und seine Tochter Thusnelda mit ihrem dreijährigen Sohn Thumelicus, als Gefangene auf seinem Triumpfzug in Rom vorzuführen (Strabon, Geographica 7, 1,4).

Römische Militärstützpunkte zur Zeit des Augustus und des Tiberius
(12 v. Chr. – 16 n. Chr.)

Bleibarren mit Inschriften CCIII (203 röm. Pfund) und L. XIX
(19. Legion, die in der Varusschlacht vernichtet wurde).
Länge 62,5 cm, Gewicht 64 kg
(Westf. Römermuseum Haltern)

Eiserne Dolche mit silbernen Verzierungen aus Haltern (unten) und
Oberaden (oben). Länge ca. 32 und 28 cm
(Westf. Römermuseum Haltern)

Bronzener Legionärshelm mit Nackenschutz und Knauf
zur Befestigung des Helmbusches. Höhe 20 cm
(Westf. Römermuseum Haltern)

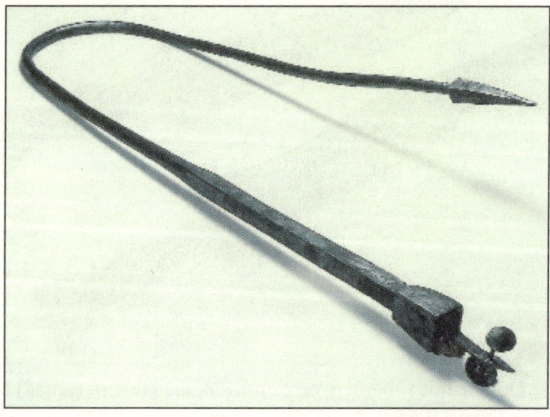

Umgebogene Pilumspitze. Diese Fernwaffe der röm.
Legionäre sollte im Schild der Gegner steckenbleiben, sich
verbiegen und den Schild dadurch unbrauchbar machen
(Westf. Römermuseum Haltern)

As des Augustus aus Haltern mit Gegen-
stempel des Varus, ca. 8 v. - 9 n. Chr.
(Westf. Römermuseum Haltern)

Münze des Varus aus Achulla (Nordafri-
ka). Fundort unbekannt
(Rhein. Landesmuseum Bonn)

Römischer Grabstein für den Centurio Marcus Caelius aus der 18.
Legion, der im Feldzug des Varus gefallen ist (Rhein. Landesmuseum
Bonn). Die Inschrift in dem unteren Feld lautet:

> *M(arco) Caelio T(iti) f(ilio) Lem(onia tribu) Bon(onia)*
> *[I] o(rdini) leg(ionis) XIIX ann(orum) LIII*
> *[ce]cidit bello Variano ossa*
> *[i]nferre licebit P(ublius) Caelius T(iti) f(ilius)*
> *Lem(onia tribu) frater fecit*

Die Übersetzung lautet: *„Dem Marcus Caelius, dem Sohn des Titus,
aus dem Stimmbezirk Lemonia, aus Bologna, dem Hauptmann der 1.
Kohorte der 18. Legion, 53 Jahre alt. Er ist gefallen im Krieg des
Varus. Es wird erlaubt sein, (seine) Gebeine hier zu bestatten. Publius
Caelius, der Sohn des Titus, aus dem Stimmbezirk Lemonia, sein Bru-
der, hat (diesen Stein) gemacht.“*
(Quelle: H. v. Petrikovitz, Arminius, in: Bonner Jahrbücher 166, 1996, S. 175)

Porträt des Augustus
(Rom, Capitolinische
Museen)

Rekonstruktion germani-
scher Frauen- und Män-
nertracht während der
römischen Kaiserzeit und
der Völkerwanderungszeit
(aus: H. Polenz, Römer
und Germanen in Westfa-
len, Münster 1985)

Modell des römischen Hauptlagers Haltern, Ausschnitt
(Westf. Römermuseum Haltern)

Modell des römischen Uferkastells Haltern-Hofestatt mit Schiffshäu-
sern (Westf. Römermuseum Haltern)

„Schlacht zwischen Germanen und Römern am Rhein". Bild von Friedrich Tüshaus, 1876, 84 x 118 cm (Westf. Landesmuseum für Kunst- und Kulturgeschichte, Münster. Dauerleihgabe des Westf. Kunstvereins)

Römische Legionäre
(I. Römerkohorte Opladen).
Halterner Römertage 1996
(Foto: L. Konopka, Marl)

Römischer Legionär mit
Bewaffnung und Alltagsaus-
rüstung
(I. Römerkohorte Opladen).
Halterner Römertage 1996
(Foto: R. Kübber, Haltern)

Römischer Legionsreiter
(Marcus Junkelmann).
Halterner Römertage 1996
(Foto: L. Konopka, Marl)

Römisches Schleuderge-
schütz: ballista
(I. Römerkohorte Opladen).
Halterner Römertage 1996
(Foto: R. Kübber, Haltern)

VII. Gründe für die Arglosigkeit des Varus

Die von allen antiken Autoren geschilderte Arglosigkeit des Varus muss einen für ihn überzeugenden Grund gehabt haben. Eine militärische römische Strafexpedition im Vorfeld des Winters und dann noch in weit entfernte Gebiete hinein, wo keine römischen Truppen stationiert waren, ist unwahrscheinlich. Cassius Dio (56, 19,3) ist auch der einzige Autor, der dies als Grund anmerkt: „.... da empörten sich nach geheimer Absprache zuerst gewisse weiter entfernt lebende [Germanen]." Es würde aus germanischer Sicht auch keinen Sinn machen, zum Winter hin in einem Gebiet außerhalb des römischen militärischen Einsatzgebietes einen Aufstand zu machen. Gegen wen sollte er sich dort richten? Weiterhin würde es jedem militärischen Denken widersprechen, dass die römische Militärführung zu einem kriegerischen Unternehmen Kinder, Frauen und den zivilen Tross aus dem Sommerlager mitführen würde. In so einem Fall hätte man diese in relativer Nähe der römischen Lippelager vorab zu den Winterlagern am Rhein geschickt. Dies geschah aber nach Cassius Dio (56, 20,2) gerade nicht: „Sie führten auch wie im Frieden viele Wagen und Lasttiere mit, ferner folgten ihnen nicht wenige Kinder und Frauen und zahlreiche Trossknechte."

Es würde bei einem überschaubaren Aufstand „gewisser weiter entfernt lebender Germanen" römischer militärischer Erfahrung entsprechen, einen solchen (begrenzten) „Unruheherd" lediglich durch einzelne Heereskontingente bekämpfen zu lassen. So berichtet Tacitus wiederholt von solch einzelnen Kommandos des A. Caecina (Ann. I, 56,1 u. 60,2). Auch L. Stertinius musste 15 n. Chr. im Auftrag des Germanicus die Brukterer bekämpfen (Ann. I, 60,3). Als während des Feldzuges im Jahre 16 n. Chr. dem Germanicus der

Abfall der Angrivarier im Rücken des Heeres gemeldet
wurde, berichtet Tacitus (Ann. II, 8,4): „... Stertinius wurde
mit Reiterei und Leichtbewaffneten dort hingeschickt und
rächte die Treulosigkeit mit Feuer und Mord." Dies alles
muss darauf schließen lassen, dass Arminius und auch andere germanische Vertraute, den Varus dazu bewegen konnten,
beim direkten Rückmarsch in die rheinischen Winterquartie-
re einen Umweg oder Abstecher zu machen, ohne dass dies
mit einer erkennbaren militärischen Bedrohung für die
Römer verbunden war.

Dem Varus und der übrigen römischen Führung im rechtsrheinischen Germanien dürfte es nicht unbemerkt geblieben
sein, dass die dort beabsichtigte Schaffung einer römischen
Provinz unter Einführung des römischen Rechtes, der Erhebung von Steuern und der künftigen Verehrung fremder Götter zu einer erheblichen zivilen Unruhe unter den betroffenen
germanischen Stämmen führte. Schließlich würde hierdurch
die gesamte kultisch begründete Identität und Kultur der germanischen Stämme ausgehöhlt und in Frage gestellt werden.
Arminius dürfte mit dafür gesorgt haben, dieses dem Varus
eindrucksvoll vor Augen zu führen, wobei ihm dies als Ken-
ner beider Kulturen nicht schwergefallen sein dürfte.

Gleichzeitig dürfte Arminius dem Varus einen Weg zur
Problemlösung aufgezeigt haben, den dieser sofort beschritt,
da er ihm als schlüssig und erfolgversprechend erscheinen
musste. Ein solcher Rat des Arminius dürfte darin bestanden
haben, den vorgeschlagenen Abstecher vom geplanten Rück-
weg dazu zu benutzen, potentiellen Aufrührern eindrucksvoll
die militärische Stärke der römischen Streitmacht als
Abschreckung vor militärischem Aufbegehren zu demonstrieren.[54]

Bei solch potentiellen Aufrührern könnte es sich nur um
die Eliten der germanischen Stämme handeln. Es mußte also

ein diplomatisches Treffen, ein „Gipfeltreffen", mit ihnen arrangiert werden. Eine solche Möglichkeit, alle Eliten der betroffenen germanischen Stämme an einer Stelle zu treffen, war nur bei einem großen Kultfest gegeben. Es musste ein Kultfest sein, zu dem alle betroffenen Stämme traditionsgemäß zusammenkamen. Im Folgenden soll versucht werden, dies anhand der überlieferten antiken Schriftquellen zu untermauern.

VIII. Kultfest der Kultverbände

Unabhängig von ethnischen und politischen Gliederungen der germanischen Bevölkerung scheint es unbestritten zu sein, dass es mindestens drei germanische religiöse Kultverbände gegeben hat, die möglicherweise auch politische Verbindungen untereinander hielten.[55] So nennt Tacitus (Germania 2, 2) den Mannus, Sohn des Tuisto, als Stammvater der Germanen, der drei Söhne hat, „nach denen sich diejenigen, die dem Ozean am nächsten (wohnen), Ingvaeonen, diejenigen in der Mitte Herminonen und die übrigen Istvaeonen nennen", die nach Plinius (Naturalis historia 4, 100) „dem Rhein am nächsten" leben. Für das Gebiet zwischen Rhein und Weser scheinen sowohl das Gros des entsprechenden archäologischen Fundmaterials an Keramik und des übrigen dinglichen Gutes als auch das Totenbrauchtum die Zugehörigkeit der dort ansässigen Stämme zu einem gemeinsamen Kulturverband zu bestätigen.[56] Für die vorrömische Eisen- und römische Kaiserzeit kann Berenger für Nordost-Westfalen archäologisch bestätigen, ebenfalls zum Kultbereich der Rhein-Weser-Germanen und damit wohl zum Kultverband der Istvaeonen zu gehören.[57] Obwohl die o.g. Bezeichnungen der drei Kultverbände in der jüngeren Literatur strittig diskutiert werden, soll es im Folgenden bei den von den antiken Autoren benannten Bezeichnungen bleiben.[58]

Es ist davon auszugehen, dass diese drei Mannuskultverbände in ihrer religiösen Struktur gewisse rituelle und kultische Gemeinsamkeiten haben.[59] Tacitus (Germania 39 1,2) schreibt über den Kultverband der Herminonen, zu dem auch die Sueben zählten: „Die Semnonen rühmen sich als die ältesten und edelsten Sueben, die Glaubwürdigkeit ihres Alters wird durch religiösen Kult gestärkt. Zu einer festgelegten

Zeit versammeln sich alle Völker gleichen Blutes durch Abgesandte in einem Wald, der durch die Weissagungen der Väter und durch althergebrachte Ehrfurcht geheiligt ist, und nachdem sie öffentlich einen Menschen getötet haben, feiern sie die verabscheuungswürdigen Ursprünge einer barbarischen Zeremonie".

Wenn die spärlichen überkommenen antiken Schriftquellen über die Zentralheiligtümer der anderen Mannuskultverbände nichts aussagen, so ist dennoch davon auszugehen, dass auch diese entsprechende Zentralheiligtümer hatten.[60] Folglich muss auch der Mannuskultverband der Istvaeonen im Rhein-Weser-Ems-Gebiet ein zentrales Kultheiligtum gehabt haben.

An zentralen Heiligtümern dürften die großen Kultfeste nur im Abstand von etlichen Jahren gefeiert worden sein, wie es sich bei anderen archaischen Völkern belegen lässt. Dieser zeitliche Abstand hob die zentrale religiöse Bedeutung des Fests eindrucksvoll hervor, wurde daher inbrünstig herbeigesehnt und mit großer Feierlichkeit vom ganzen Lande begangen.[61] So wurden z.B. im vorchristlichen Schweden für alle Volksstämme verbindlich alle neun Jahre in Uppsala große Opferfeste zu Ehren des Wodan/Odin veranstaltet, die neun Tage dauerten. Ebenfalls fand in Leire auf Seeland in Dänemark alle neun Jahre ein großes Opferfest statt. Zwar fand in Leire das Kultfest im Januar und in Uppsala um die Tag- und Nachtgleiche im Frühjahr statt, doch verliefen beide zentralen Kultfeste in der Hauptsache übereinstimmend, da sie beide alle neun Jahre stattfanden und auch jeweils bei den Opfern die Neunzahl eine Rolle spielte.[62]

Wegen der jahreszeitlichen Unterschiede der Kultfeste wird von Golther darauf verwiesen, dass noch in der jüngeren Kaiserzeit der römische Kalender eindrang und Verschiebungen aller Art stattfanden, die später durch die christlichen Festfolgen nochmal verstärkt wurden. So seien Jahresfeste verlegt und auf verschiedene Tage verteilt worden.[63]

Bei den Schilderungen der heidnischen Kultfeste in Leire durch Thietmar von Merseburg (10. Jahrh.) und in Uppsala durch Adam von Bremen (11. Jahrh.) müssen deren christliche und missionspolitische Sichtweisen berücksichtigt werden.[64]

Die kultisch-religiöse Zeitordnung der Germanen wurde von den Mondphasen geprägt. Den drei Mondphasen, von je neun Nächten, folgte die Zäsur der drei dunklen Nächte, der sogenannte Mondtod.[65] Auch im archaischen Griechenland war das Mondsystem heilig.[66] Die Zeitspanne von neun Jahren ist nicht willkürlich gegriffen, denn jedes neunte Jahr steht am Ende jedes großen Jahres von einhundert Mondzyklen.[67] So verlangte der Herrscher Minos von Kreta von den Athenern alle neun Jahre sieben Jünglinge und sieben Jungfrauen, um sie dem Minotaurus zu opfern.[68] Auch die neun Jahre, die Hephaistos in der Grotte der Thetis verbrachte, bezeugen seine Dienstbarkeit dem heiligen Monde gegenüber.[69] Der mythische kretische König Rhadamantys besuchte jedes neunte Jahr die Grotte des Zeus, um seine Herrschaft zu erneuern.[70]

Die Liste der religiösen Bezüge zum mythischen Jahr „Neun" ließe sich verlängern. Doch sie genügt hier für die Schlussfolgerung, dass auch die großen Kultfeste der Mannuskultgemeinschaft im Abstand von neun Jahre stattgefunden haben werden, wie es später für Uppsala und Leire bezeugt ist. Das germanische Jahr begann mit Opferfesten zwischen September und Oktober, wahrscheinlich um die Tag- und Nachtgleiche.[71] So heisst im Altenglischen der September „heiliger Monat" und der Oktober „Opfermonat". Die Unklarheit in Bezug auf die konkrete Datierbarkeit germanischer Kultfeste besteht u. a. darin, dass die Kultfeste der Germanen bei Vollmond begannen.[72]

Der Kultort eines Kultverbandes, zu dem die freien germanischen Männer zu Tausenden hinströmten, musste räumlich entsprechend groß sein. Eine sehr große Waldlichtung im heiligen Hain bzw. Wald wird wohl am besten als Kultversammlungsstätte geeignet gewesen sein[73], denn sie musste für mehrere, wahrscheinlich neun Tage, auch Lagermöglichkeiten für die vielen Gläubigen bieten. Dort musste biwakiert werden; Platz für Lagerfeuer musste deshalb ausreichend vorhanden sein und auch genügend Weidefläche für die mitgebrachten Reit- und Tragtiere. Unabdingbar war es jedoch, dass es ausreichend gutes Frischwasser für alle gab. Es müssen zumindest sehr starke Quellen in der Nähe des Lagerplatzes geflossen sein. Bei den Menschenmassen musste auch die hygienische Grundversorgung z. B. durch Latrinen gegeben sein, um Seuchen vorzubeugen.

Unter der Voraussetzung, im Jahre 9 n. Chr. hätte ein großes Kultfest der Kultgemeinschaft der Istvaeonen an ihrem Zentralheiligtum bevorgestanden, so wäre dieser äußerst bedeutsame Zeitpunkt seit langem den Stämmen bekannt gewesen. Solch ein wichtiges, für die germanischen Stämme zentrales Ereignis musste auch den Römern bekannt gewesen sein, da sie sich bereits über 20 Jahre im Gebiet dieser Kultgemeinschaft aufhielten.

[Unter der Voraussetzung, dass dieses zentrale Kultfest alle neun Jahre gefeiert würde, hätte es demnach auch um Christi Geburt und 10 v. Chr. stattfinden müssen. (Die historische Jahreszählung zählt das Jahr vor und nach Christi Geburt, ohne das Jahr Null zu berücksichtigen.) Dann wäre gegebenenfalls eine Textstelle bei Florus über einen Feldzug des Drusus neu zu deuten. Bekanntlich heisst es dort (Florus 2, 30,24): „Dann griff er [Drusus]

gleichzeitig die mächtigsten Völker, die Cherusker, Sueben und Sugambrer, an, die 20 Zenturionen gekreuzigt hatten und diesen Krieg, wie durch einen Eid [gebunden], in solch sicherer Erwartung eines Sieges begonnen hatten, dass sie die Beute im Voraus vertraglich aufteilten." Es könnte sein, dass nach dem zentralen Kultfest, wo angeblich 20 Zenturionen geopfert worden sind, ein gleichsam "heiliger Krieg" zur Vernichtung des römischen Heeres vom Oberpriester ausgerufen und per heiligem Eid beschlossen wurde. Die "Kreuzigung" der Zenturionen erinnert an die Kultfeste in Leire und Uppsala, wo die Menschenopfer aufgehängt wurden. Interessant scheint in diesem Zusammenhang ein Hinweis von Golther (wie Anm. 11), S. 350, zu sein, wonach das „Kreuz" bei den Germanen „Galgen" genannt wurde. Über besondere Vorkommnisse um Christi Geburt ist nichts überliefert. Die antiken Schriftsteller schilderten vorrangig die Ereignisse, die mit den Angehörigen der Kaiserfamilie zu tun hatten.]

Es hätte für Varus daher auch Sinn gemacht, am Kultplatz selbst eine militärische Machtdemonstration, gekoppelt mit einem diplomatischen Gipfeltreffen, durchzuführen, um allen Stammeseliten, vor allem auch den Priestern, eindringlich von Aufstandsplänen abzuraten, da sie wie bisher zur germanischen Niederlage führen würden. Arminius dürfte gleichsam bei Varus und seinem Stab „offene Tore" eingerannt haben, als er diesem ebenfalls eindringlich dazu riet, am zentralen Kultfest zum zentralen Heiligtum zu ziehen, um die Stärke der römischen Militärpräsenz zu demonstrieren.

Die Tatsache, dass Kaiser Augustus am selben Tag, der Tag- und Nachtgleiche, also am 23.09., Geburtstag hatte, dürfte den Römern ein zusätzlich glückliches Zeichen gewesen sein, was von Arminius auch sicherlich psychologisch mit ins Spiel gebracht worden sein dürfte. Seit 12 v. Chr. entwickelte sich der Kult des „Genius Augusti" besonders im Heer. Sein Geburtstag am 23.09. wurde als Feiertag geheiligt.[74] Dies wird auch von Cassius Dio (56, 25,2) für das Jahr 11 n. Chr. wie folgt belegt: „denn sie (Tiberius und Germanicus) rückten aus Furcht, erneut eine Niederlage zu erleiden, nicht allzu weit vom Rhein aus vor, sondern blieben dort in der Nähe bis zum Herbst; nachdem sie den Geburtstag des Augustus gefeiert und hierbei durch Zenturionen Reiterspiele veranstaltet hatten, kehrten sie zurück."

Das geplante Aufsuchen des Kultplatzes im Zusammenhang mit dem Rückmarsch in die Winterlager wäre dann auch die Begründung dafür, dass Varus wie im Frieden auch mit Kindern, Frauen und großem Tross zu diesem Zentralheiligtum aufbrach. Es ist davon auszugehen, dass dieses Heiligtum, einschließlich eines großen heiligen Waldes, abseits von den Hauptverkehrswegen lag. Varus hätte demnach den ausgebauten und gesicherten Marschweg zu den Winterlagern an einem bestimmten Ort verlassen müssen, um auf „Nebenstrecken"[75] zum Zentralheiligtum zu kommen.

Der o.g. These folgend, dass Varus sich auf dem Weg zum großen Kultfest der Istvaeonen befand, müsste dann der Zeitpunkt der Varusschlacht mit dem des Kultfestes zusammenfallen, das wahrscheinlich, wie vorab bereits erwähnt, um die Tag- und Nachtgleiche (23. September) begangen wurde. Da nach allgemeiner Auffassung, die sich vor allem auf Tacitus (Germania 11,1) stützt, die religiösen Kultfeste der Germanen bei Vollmond begannen[76], könnte dies den Beginn des Kultfestes am 23.09., dem Tag der Tag- und Nachtgleiche, in Frage stellen, wenn an diesem Tag kein

Vollmond gewesen wäre. Doch am 23.09. 9 n. Chr. trat der
Vollmond um 2 Uhr 50 Ortszeit ein.[77] Das Zusammenfallen
von Tag- und Nachtgleiche mit dem Beginn der Vollmond-
phase wird für die Germanen ein göttliches Vorzeichen
gewesen sein.

Unabhängig von den hier aufgezeigten Quellenbefunden
und Fakten kommt G. A. Lehmann auf den gleichen Zeitpunkt der Schlacht: „Auf der Basis der teilweise sehr präzi-
sen Angaben über das zeitliche Verhältnis zwischen Kapi-
tulation des letzten Widerstandsherdes in Illyrien-Dalmatien
und der Katastrophe in Germanien (...) ergibt sich (...) für die
Varusschlacht eine zuverlässige Datierung in das letzte Drit-
tel des Monats September 9 n. Chr."[78] Der vorher genau
bekannte Zeitpunkt dieses Kultfestes dürfte für Varus auch
der Grund gewesen sein, die Sommerkampagne von 9 n. Chr.
über die angemessene Frist verlängert zu haben.[79]

Nachdem Varus dem Vorschlag des Arminius gefolgt sein
dürfte, zum Kultfest zu marschieren, geschah für Cassius
Dio (56, 19, 4.5) aus späterer römischer Sicht Folgendes:
„Sie [Arminius, Segimer und die anderen Hauptverschwörer]
begleiteten ihn [Varus] auf dem Marsch, und als sie dann ent-
lassen worden waren, um die Hilfstruppen zu mobilisieren
und schleunigst zur Unterstützung heranzuführen, (5) über-
nahmen sie schon irgendwo in Bereitschaft stehende Streitkräfte, ließen jeweils die in ihrem Heimatgebiet stationierten
römischen Soldaten, die sie früher von Varus angefordert
hatten, niedermachen und griffen dann Varus selbst an, der
sich mittlerweile schon in schwer passierbaren Waldgegenden
befand. Dort erschienen die vermeintlichen Untertanen
plötzlich als Feinde und richteten furchtbares Unheil an ...".
Der Text ergibt, dass die germanischen Hilfstruppen sich
nicht mit im Sommerlager des Varus befanden. Aller Wahrscheinlichkeit nach waren sie über das Land verteilt und den

jeweiligen Wachtposten und Kleinkastellen zugeordnet.[80]

Es gehörte zum Aufstandsplan, das kleine römische Militärkontingent bei den einheimischen Auxiliareinheiten dort an ihren jeweiligen Standorten möglichst schnell auszuschalten. Anschließend sollten diese germanischen Auxiliareinheiten dann in Eilmärschen zur Entscheidungsschlacht kommen. Zu Recht weist Lehmann darauf hin, dass diese Überfälle auf das römische Militärpersonal bei den einheimischen Auxiliartruppen natürlich von den erst *nach* der Varuskatastrophe geführten systematischen Angriffen auf die römischen Lagerbefestigungen und Praesidia zu trennen seien.[81] Dies lässt sich auch aus der textlichen Reihenfolge bei Cassius Dio ablesen. Erst nach der Varusschlacht wurden dann die Kastelle gestürmt (56, 22,2). Da bei Cassius Dio hier eine Textlücke vorliegt, wurde sie vom byzantinischen Mönch Zonaras 1118 n. Chr. für dessen Weltchronik aus ihm damals noch bekannten Quellen ergänzt (Cassius Dio, 56, 22 als 2 a eingefügt): „Und die Barbaren eroberten alle Kastelle mit einer Ausnahme, jenen festen Platz aber konnten sie nicht einnehmen, da sie nichts von Belagerungskunst verstanden und die Römer zahlreiche Bogenschützen hatten, von denen sie unter großen Verlusten zurückgeschlagen wurden."

Ob nach der Schlacht die übrigen römischen rechtsrheinischen Lager und Praesidia militärisch erobert, oder nach vorheriger fluchtartiger Räumung durch ihre Besatzungen lediglich durch die Germanen besetzt und zerstört wurden, ist nicht genau zu klären. Zumindest für das östlichste bislang bekannte Lippe-Lager Anreppen scheinen die jüngsten Forschungsergebnisse für eine Räumung nach vorheriger planvoller Zerstörung durch seine Besatzung zu sprechen. „Den zahlreichen Brandspuren zufolge müssen die Gebäude im Lager Anreppen am Ende der Belegungszeit in einer Feuers-

brunst aufgegangen sein. Wahrscheinlich sind dem Ende des
Lagers mehrere Klumpen tausender zusammengebackener
Eisennägel zuzuordnen. Sie fanden sich auf dem Grund eines
Brunnens/Latrine und sind dort absichtlich versenkt worden.
Denkbar wäre eine solche Vorgehensweise bei einer regulä-
ren Räumung des Lagers durch die Soldaten, die sich einerseits mit den Nägeln beim Wegzug nicht belasten, andererseits diese aber der einheimischen Bevölkerung auch nicht
zum Umschmieden in Waffen zurücklassen wollten."[82] Für
eine planvolle Räumung spricht auch, dass sich ein Teil der
römischen Soldaten zum Rhein hin hat retten können, wie es
aus der Schilderung des Cassius Dio (56, 24,1) abzuleiten ist,
wo er die Reaktion des Augustus auf die Niederlage des
Varus beschreibt: „Als er dann aber erfuhr, dass sich ein Teil
der Soldaten gerettet habe und die [linksrheinischen] germanischen Gebiete von den Besatzungen bewacht würden,
während der aufständische Feind es nicht gewagt habe, bis
zum Rhein vorzudringen, legte sich seine Erregung ...".
   Die militärische Stabilisierung der Rheinlinie durch römische Truppen dürfte vor allem das Verdienst des Legaten L.
Asprenas gewesen sein, der der emotionalen Versuchung
widerstand, mit seinen beiden Legionen den eingekesselten
Truppen des Varus zu Hilfe zu kommen, wovon er durch
Boten erfahren haben dürfte. Das wäre militärisch vergeblich
gewesen und hätte höchstwahrscheinlich ebenfalls zum Ver-
lust seiner Legionen geführt. Als daraus folgende Konsequenz wären die römischen Standlager am Rhein weitgehend
ungeschützt den Angriffen der siegreichen Germanen unter
Arminius und möglichen linksrheinischen germanischen
Aufständischen ausgeliefert gewesen. In dieser Situation sich
für die Sicherung der Rheinlinie entschieden zu haben, ist
eine strategisch herausragende Leistung des L. Asprenas
gewesen. Der Zeitgenosse Velleius Paterculus (2, 120,3)

würdigt daher Asprenas wie folgt: „Aufrichtige Anerken-
nung soll man L. Asprenas zollen, der als Legat unter seinem
Oheim Varus diente und dank der energischen und mutigen
Leistung der beiden Legionen, die er befehligte, das Heer
wohlbehalten vor solchem Untergang rettete und dadurch,
dass er schleunigst zu dem unteren Winterlager [Vetera] hin-
abmarschierte, auch die wankelmütigen Stämme diesseits
des Rheines aufmunterte."

Es ist davon auszugehen, dass die germanischen Hilfstruppen wie geplant nach Vernichtung des sich bei ihnen
befindenden römischen Militärpersonals unverzüglich von
ihrem jeweiligen Standort aus zum bekannten Zentralheiligtum aufbrachen, um noch Tage später dort selbst an der Entscheidungsschlacht teilnehmen zu können. Dies erschließt
sich aus dem Bericht des Cassius Dio (56, 21,4) vom vierten
Marschtag der Kampfhandlungen des Varus: „Zudem hatte die
Zahl der Feinde noch erheblich zugenommen, denn auch viele
andere Barbaren, die vorher noch abgewartet hatten, waren
jetzt eingetroffen, um vor allem Beute zu machen, aber auch
aus anderen Gründen." Es werden zu diesem Zeitpunkt nicht
nur nach und nach die germanischen Hilfstruppen, sondern
sicherlich auch noch Sippenverbände entlegener Stämme in
die Kämpfe mit eingegriffen haben, die wetter- und wegebe-
dingt erst verspätet beim Kultzentrum eintrafen.[83] Die o. g.
Bemerkung des Cassius Dio: „Viele andere Barbaren waren
jetzt eingetroffen, um vor allem Beute zu machen, *aber auch
aus anderen Gründen*", ist genau zu hinterfragen, wobei das
Problem des Beutemachens unten weiter ausgeführt wird.

Die Teilnahme am zentralen Kultfest der Istvaeonen war
heilige, göttliche Pflicht. Wenn Tacitus (Germania 11,1)
davon spricht, dass alle an wichtigen Beratungen teilnehmen,
hat dies umso mehr für zentrale Kultfeiern zu gelten. Für die
römischen Autoren mögen diese für die Germanen heiligen

Pflichten aus Unkenntnis oder Herablassung eben „andere Gründe" gewesen sein. Aber die heilige Pflicht, am Kultfest teilzunehmen, begründet für sich allein noch nicht die Pflicht, den Vernichtungskampf gegen die Römer zu führen. Doch über den geweihten Stätten und den geheiligten Festzeiten lag ein besonderer Gottesfrieden, der sogenannte Tempelfrieden. Wer diesen brach, verübte ein „Neidingswerk" und verfiel dem unversöhnlichen Zorn der Gottheit. Der Gottesfrieden war bei einem so zentralen Heiligtum auf den weiteren Umkreis, also über den eigentlichen engeren Bereich des Heiligtums, auszudehnen.[84]

Durch den Anmarsch des römischen Heeres zum geheiligten Kultfest war der Gottesfrieden gestört und es war somit heilige Pflicht aller Krieger gegenüber der Gottheit, für den Schutz des Heiligtums alle verfügbaren Kräfte für die Vernichtung der Gottesfrevler einzusetzen. Darüber mussten auch die Priester, vor allem der Oberpriester, wachen, da sie an geheiligten Orten das Strafrecht, das sogenannte Bannrecht für die Gottheit ausübten; dessen Bruch sie im Namen der Gottheit auch zwangsläufig zu ahnden hatten.[85] Die Sühne eines solchen Neidingswerks zu vollziehen, also den Opfertod dieser Frevler herbeizuführen, war allein heilige Pflicht der Priester, da sie in unmittelbarem Dienst der Götter stehend diese vertraten.[86]

An diesem Punkt lässt sich besonders gut die kluge Strategie des Arminius belegen. Er wusste, wie oben dargelegt, dass die innenpolitischen Spannungen zwischen den sogenannten Erneuerern und den Traditionalisten mitten durch die germanischen Stämme, Sippenverbände und selbst durch Familien gingen und dass er nicht alle Germanen zum offenen Kampf gegen die siegreichen Römer bewegen konnte. Dies vermochten nur die Priester, wenn sie aus tiefverwurzeltem religiösen Selbstverständnis heraus berechtigt bzw.

verpflichtet waren, zum „heiligen" Kampf gegen Gottesfrevler aufzurufen. Dann mussten auch sogenannte Römerfreunde zu den Waffen greifen, denn wer dem Aufruf der Priester, gegen Gottesfrevler vorzugehen, nicht folgte, stellte sich außerhalb aller religiösen und somit auch gesellschaftlichen Normen und war gleichsam gegenüber der Gottheit selbst ein Gottesfrevler, gegen den vorzugehen, heilige Pflicht der Gläubigen war. Die List des Arminius lag gegenüber den Germanen darin, die Römer in eine Situation zu bringen, zu geheiligten Zeiten in das heilige Umfeld des Zentralheiligtums einzudringen. Alle Germanen mussten dann zwangsläufig dem Aufruf des Oberpriesters folgen und eine solche ungeheuerliche Freveltat gegenüber der Gottheit mit allen Mitteln verhindern, d. h. die Täter bekämpfen. Hierauf vertrauend, brauchte die vermutlich geringe Anzahl der „Verschwörer" gegen die Römer auch vorher nicht zu viele Germanen in den Aufstandsplan einzuweihen, um das Entdeckungsrisiko möglichst gering zu halten.

Es war also der zentrale Punkt des Widerstandsplanes, die Römer unter Varus zum Marsch Richtung zentrales Heiligtum, und zwar während der heiligen Zeiten, zu bewegen. Gelang dies, dann konnte sich Arminius sicherlich in Absprache mit dem Oberpriester „politisch" zurücknehmen, um dem Oberpriester die Mobilisierung der Gläubigen zum heiligen Kampf zu überlassen. Er hatte danach lediglich in göttlichem Auftrag sein militärisches Wissen und Können im Kampf gegen die Gottesfrevler mit einzubringen.

Gegenüber den Römern bestand die Taktik des Arminius darin, den Varus zum Kultfest zu locken, um in einer Art Gipfeltreffen den germanischen Stammeseliten die Unumkehrbarkeit der römischen Germanienpolitik mit einem enormen militärischen Drohpotential kundzutun. Vielleicht wurde Varus zu diesem Treffen am Kultplatz auch durch die möglichen römischen Erfahrungen nach den letzten zentralen Kultfesten angeregt, wo es möglicherweise *nach* diesen Festen jedes Mal zu militärischen Auseinandersetzungen mit diesen germanischen Stämmen kam. Es dürfte Varus somit vorteilhafter erschienen sein, die potentielle Flamme des Aufstandes an Ort und Stelle durch eine politisch-militärische Machtdemonstration auszutreten als später einen Flächenbrand zu bekämpfen.

Inwieweit Varus jedoch bei diesem nicht risikolosen Unternehmen den Fanatismus religiös aufgewühlter Massen von Gläubigen bei solchen zentralen Kultfesten bedacht hat, kann heutzutage nicht mehr beurteilt werden.

[Es kann nicht ausgeschlossen werden, dass mit Blick auf die spätere Schlacht bei Idistaviso im Jahre 16 n. Chr. an der Weser sich dort möglicherweise eine ähnliche Aufgabenteilung zwischen Priester und Arminius ablesen lässt. So berichtet Tacitus (Ann. II, 12,1): "Caesar [Germanicus] überschritt die Weser und erfuhr durch den Hinweis eines Überläufers den von Arminius ausgewählten Ort der Schlacht; in einem dem Hercules [wohl Donar] geweihten Wald hätten sich noch andere Stämme versammelt, die einen nächtlichen Sturm auf das Lager wagen sollten."
Die Schlacht fand dann auch in einer (benachbarten) Ebene mit dem Namen Idistaviso statt (Ann. II, 16,1). Auch hier hat Arminius den Schlachtort, nämlich den "Campus idistaviso", bereits ausgesucht. Auch hier ist von einem der Gottheit, hier dem Donar, geweihten heiligen Bezirk die Rede, in dessen Wald sich auch andere Stämme versammelten. Dabei dürfte es sich wohl um das Stammesheiligtum der Cherusker handeln. Es scheint nicht ausgeschlossen zu sein, dass auch hier die Priester am geheiligten Ort die Gläubigen auffordern, dem Willen der Gottheit entsprechend die römischen Frevler zu ver-

nichten. Auffallend ist hier, wie unten noch beim Problem "teutoburgiensis saltus" darzustellen sein wird, dass auch hier mit "Idistaviso" eine germanische Bezeichnung einer Örtlichkeit von Tacitus genannt wird, die selbst zu Lebzeiten des Tacitus den Römern noch bekannt gewesen sein muss. Es dürfte sich dabei nicht um eine nur zufällig gewählte, unbedeutende Wiese gehandelt haben.

Folgt man Grimm (wie Anm. 73, S. 332), so scheint Idistaviso vom germanischen Idisiaviso abzuleiten sein, was verkürzt mit „Elfenwiese" oder „Nymphenwiese" gedeutet wird. Idisen galten der germanischen Mythologie zufolge als Wesen, die durch die Luft gezogen kamen und sich auf dem Schlachtfeld niederließen, wo der Kampf zwischen zwei Heeren bereits entbrannt war (Golther, wie Anm. 11, S. 110). Auffallend ist es also, dass hier ein heiliger Wald des Donars genannt wird, wo auf einer benachbarten, großen freien Fläche die erbitterte Schlacht tobte, die mit „Idisen-Wiesen" ebenfalls germanische religiöse Bezüge hat. Hierzu eine gewisse Parallelität zu den Umständen der Varusschlacht zu vermuten, dürfte nicht von vornherein auszuschließen sein.

In diesem Zusammenhang dürfte ebenfalls ein Bericht des Tacitus (Ann. XIV, 73,4) über den Friesenaufstand im Jahr 28 n. Chr. von Interesse sein: „Später erfuhr man von Überläufern, dass 900 Römer bei einem sogenannten Hain der Baduhenna in einer Schlacht, die sich bis zum folgenden Tag hinzog, aufgerieben wurden." Wie weit hier ein Grundmuster germanisch religiös geprägter Verhaltensweisen gegeben sein könnte, bedarf noch intensiver Forschung.]

In der Geschichte gibt es bekanntlich viele Beispiele dafür, dass Gläubige mit allen Mitteln aufopferungsbereit das Heiligtum ihrer Gottheit schützen und auch davon

zutiefst überzeugt sind, für diesen gottgerechten Kampf
Kraft von dieser Gottheit zu empfangen. So dürften es auch
nicht nur die Einfriedungsmauern der Heiligtümer gewesen
sein, die die Athener dazu bewogen, bei den zentralen, alles
entscheidenden Kämpfen der Perserkriege bei Marathon und
Plataiai jeweils ein Heiligtum zum Stützpunkt ihrer Stellungen
gegen die Perser auszuwählen.[87]

Für die o. a. These, dass die letzte Phase der Varusschlacht
im Bereich des Zentralheiligtums der Istvaeonen stattfand,
spricht folgende zentrale Stelle bei Tacitus (Ann. I, 61,2-4),
in der das Betreten des Varusschlachtfeldes durch Germanicus im Jahre 15 n. Chr. geschildert wird: „Auf der Ebene
dazwischen lagen die bleichenden Gebeine, zerstreut oder
haufenweise, je nachdem, ob sie geflohen waren oder Widerstand geleistet hatten. (3) Daneben lagen Bruchstücke von
Geschossen und Pferdegerippe, und an den Baumstämmen
hatte man Schädel festgemacht. In den benachbarten Hainen
[fand man] Altäre der Barbaren, bei denen man die Tribunen
und Centurionen ersten Ranges geopfert hatte. (4) Und die
Überlebenden jener Katastrophe, die der Schlacht oder der
Gefangenschaft entronnen waren, berichteten ... von welchem Tribunal aus Arminius seine Rede hielt, wie viele Hals-
blöcke und was für Gruben den Gefangenen zum Hohn dienten und wie man sich hochmütig über Feldzeichen und Adler
lustig machte."

Tacitus spricht hier von einer Ebene an Waldrändern, von
an Baumstämmen genagelten Schädeln, von Opferaltären in
benachbarten Hainen, von Opfergruben (scrobes), von Halsblöcken und von einem Tribunal, von dem man aus zu Vielen sprechen kann. Dies sind keine Begriffe, die zu einer
üblichen Schlachtfeldbeschreibung passen. In allen anderen
überlieferten Schriften, die die militärischen Auseinanderset-

zungen zwischen Römern und Germanen beschreiben, fehlen solche Begriffe. Es dürfte eindeutig sein, dass es sich hierbei um die Beschreibung des Bereiches eines heiligen Opferplatzes, eines Opferwaldes, handelt.

Auch vom zentralen Heiligtum in Uppsala berichtet Adam von Bremen, dass neben ihm ein heiliger Hain lag, in dem die dem Odin (Wodan) zum Opfer bestimmten Menschen und Tiere gehängt wurden. Daneben wurden auch in einer heiligen Quelle nahe eines riesigen immergrünen Baumes Menschenopfer dargebracht. Außer drei mächtigen sogenannten Königshügeln gab es dort noch einen sogenannten Thinghügel mit einem Durchmesser von 20 m, auf dem eine möglichst große ebene Fläche geschaffen war, auf dem noch bis ins Mittelalter jedem neu gewählten König gehuldigt wurde.[88]

Für die Aussage, das Varusschlachtfeld befinde sich in einem heiligen Opferwaldbezirk, sprechen vor allen die dort genannten Opferaltäre und Opfergruben, wo die Tribunen und Centurionen ersten Ranges nicht im Kampfgeschehen niedergemetzelt, sondern von Priestern der Gottheit, dem Wodan, geopfert wurden und wo später deren sterblichen Überreste in die Opfergruben verbracht worden sein dürften.

Bekanntlich durfte nur ein Priester dem Wodan Menschen opfern (Tacitus, Germania 9,1). Vom Zentralheiligtum der Semnonen berichtet Tacitus (Germania 39,1), dass nur unter ganz bestimmten Voraussetzungen aus rituellen Gründen ein Mensch geopfert wurde. Hier am Ort der Varusschlacht wurde jedoch eine Reihe von Menschen geopfert, was dafür spricht, dass die Römer den Gottesfrieden, den sogenannten Tempelfrieden, des heiligen Opferwaldbezirkes gebrochen hatten. Aufgrund dieses Neidingwerkes verfielen die Römer dem Zorn der Gottheit und mussten unweigerlich den Opfertod als Sühneopfer für die beleidigte Gottheit erleiden.[89] Die

ranghöchsten gefangenen römischen Offiziere starben den
Opfertod gleichsam stellvertretend für alle an der Schlacht
und damit für alle am Bruch des Gottesfriedens beteiligten
Römer. Der Hinweis auf Schädel, die an Baumstämme gena-
gelt waren, weist ebenfalls auf einen heiligen Bezirk hin.
Hierbei dürfte es sich jedoch wohl um Tierschädel gehandelt
haben, denn beim Tieropfer waren die Köpfe den Göttern
vorbehalten, während nach Verzehr des Fleisches durch die
Gläubigen Innereien und andere Überreste von Menschen-
und Tieropfern in die Opferschächte oder Opfergruben (scrobes) geworfen wurden.[90]

Auch das von Tacitus genannte „Tribunal" lässt nicht auf
einen natürlichen Hügel schließen, der sich zufällig am oder
auf dem Schlachtfeld befand, denn dann hätte Tacitus von
„collis" gesprochen. Die Römer bezeichnen nämlich mit
„Tribunal" eine von Menschen gestaltete Erhöhung, zu der
Stufen hinaufführen. (Im Militärlager ist es die erhöhte
Bühne des Feldherrn.)[91] Von einer solchen Erhöhung konnte
man besser zu Tausenden von Germanen, von Gläubigen
sprechen, wozu auch der sogenannte Thinghügel im Zentralheiligtum in Uppsala gedient haben wird. Die Bezeichnung
„Tribunal" lässt daher auch auf einen heiligen Bezirk, einen
Kultplatz, schließen.

Dagegen dürfte auf den ersten Blick die Erwähnung von
„Halsblöcken" (so die Übersetzung in Goetz/Welwei a.a.O.,
S. 87, Anm. 5), wovon die Überlebenden der Schlacht dem
Germanicus berichteten, mit einem heiligen Kultplatz wenig
zu tun haben. Doch Tacitus spricht von „patibula". Die
Römer benutzten das „patibulum" als Strafwerkzeug, an das
Kopf und Hände gefesselt wurden, um anschließend in der
Regel Verbrecher am Längsbalken des Kreuzes hochzuwin-
den. Es spricht somit alles dafür, dass es sich bei diesen soge-
nannten „Halsblöcken" um germanische Vorrichtungen für

Hänge-Opfer im heiligen Opferwald handelt, die die Überlebenden der Schlacht aus ihrer Sicht mit den ihnen bekannten „patibula" gleichsetzten.

Aus den nordischen Quellen ist es bekannt, dem Odin Blut- und Hängeopfer zu bringen [92], wie es auch von den heiligen Kultfesten in Uppsala überliefert wurde. Der nordische Odin entspricht dem westgermanischen Wodan als Kriegs- und gleichzeitig Totengott, den die Germanen nach Tacitus (Germania 9) am meisten verehrten. Dies gilt jedenfalls für die Kultgemeinschaft der Istvaeonen.[93] Als Gott des Krieges, aber auch des Todes, waltet Wodan über Sieg und Heldentum. Darum empfängt er auch menschliche Opfer, die oft auch Kriegsgefangene sind. Es ist daher wahrscheinlich, dass nach dem überwältigenden Sieg der Germanen über die Legionen des Varus beim zentralen Kultfest der Istvaeonen dem Wodan einige römische Kriegsgefangene, neben den auf den Altären geopferten Römern, als Hänge-Opfer an als „patibula" bezeichnete Vorrichtungen lebend an geheiligten Bäumen im Opferhain aufgehängt wurden.[94]

Von den geopferten römischen Gefangenen waren 15 n. Chr. keinerlei Überreste mehr zu sehen, da sie in die Opfergruben verbracht worden sein dürften. Im Gegensatz dazu lagen die „bleichenden Gebeine" der gefallenen Römer noch überall auf der Walstatt, dem Schlachtfeld, „zerstreut oder haufenweise, je nachdem, ob sie geflohen waren oder Widerstand geleistet hatten", wie es Tacitus eindrucksvoll schilderte. Auch dies entspricht göttlichem germanischen Glauben, denn die Leiber der Gefallenen gehörten nicht dem Wodan, sondern den Tieren des Wodans als Totengott, nämlich den Raben und Wölfen [95] , sodass die toten Römer, so wie sie gefallen waren, unbestattet für die Raben und Wölfe auf der Walstatt liegen bleiben mussten.

IX. Neue Deutung des „saltus Teutoburgiensis"

Die Beschreibung des Varusschlachtfeldes bei Tacitus lässt nur den Schluss zu, dass die Entscheidungsschlacht in unmittelbarer Nähe des Zentralheiligtums der Istvaeonen geschlagen wurde. Dort, wohin Varus nach der hier vertretenen Auffassung – wenn auch in friedlicher Absicht – von Anfang an hin wollte. Das eigentliche zentrale Heiligtum wird jedoch nicht im heiligen Opferwald, sondern in einer gewissen räumlichen Distanz zu ihm zu suchen sein, was auch die Kultzentren in Leire (Dänemark) und Uppsala (Schweden) zu bestätigen scheinen. Möglicherweise hilft bei der Suche nach der Örtlichkeit des Kultheiligtums der Istvaeonen die Ortsbezeichnung des Schlachtfeldes durch Tacitus weiter (Ann. I, 60,3): „Von dort führte man den Heereszug in die abgelegensten [Gebiete] der Brukterer und verwüstete möglichst [das Land] zwischen Ems und Lippe, nicht weit entfernt vom Teutoburger Wald, wo die Überreste des Varus und der Legionen unbestattet liegen sollen." Bekanntlich ist nur in dieser Textstelle vom „saltus Teutoburgiensis" die Rede.[96]

Im Folgenden soll hier nicht die konkrete Örtlichkeit des Kultzentrums gesucht werden[97], sondern nur die Frage geklärt werden, ob nicht die Stelle „haud procul Teutoburgiensi saltu" anders gelesen werden muss als „nicht weit vom Teutoburger Wald". Tacitus benennt hier mit „Teutoburg" eine konkrete geographische Örtlichkeit mit ihrem germanischen, lediglich latinisierten Namen, der den Römern wohl bekannt gewesen sein dürfte, da er selbst in der späteren Aufzeichnung des Tacitus den römischen Lesern nicht erläutert werden musste.

Es soll hier der Versuch gewagt werden, den Namen „Teutoburg" neu zu deuten. Das urgermanische Wurzelnomen

„burg" in „Teutoburg" weist auf „befestigte Höhe" hin, während „burgus" im Lateinischen erst seit dem 2. Jahrh. n. Chr. nachzuweisen ist.[98] Der Name „Teuto" entspricht dem germanischen „Theudo" und wird gewöhnlich mit „Volk" gleichgesetzt, so dass Teutoburg in der Regel als „Volksburg" gedeutet wird. Doch in „Theudo" ist auch als Denominativum das Verb „deuten" enthalten. „Die Bedeutung dieses Verbs kann danach etwa 'vor dem versammelten Volk erklären, für das Volk verständlich machen' lauten."[99] Die Ausgangsbedeutung des Verbs „für das Volk verständlich machen" soll ursprünglich wohl auf den Priester hinweisen, der aus dem Opferbefund dem gläubigen Volk den Willen der Gottheit verdeutlicht.[100]

Davon ausgehend würde somit „Teutoburg" die befestigte Höhe sein, von der aus durch den Priester dem Volk Gottes Wille verständlich gemacht wird. Diese Deutung weist auf ein möglicherweise sehr altes vorrangiges Heiligtum hin; es könnte die Bezeichnung des zentralen Heiligtums der Istvaeonen sein. Die Bezeichnung Teutoburg ist daher nicht als Adjektiv zu Wald also „Teutoburger Wald" zu verwenden, sondern der Name „saltus Teutoburgiensis" ist als (Opfer)wald der Teutoburg zu übersetzen.[101] Das würde bedeuten, dass ähnlich wie in Uppsala und Leire die Teutoburg das zentrale Heiligtum ist mit einem nahe gelegenen heiligen Opferwald.

Folgt man dieser Deutung „Opferwald der Teutoburg", so muss auch die Stelle „haud procul Teutoburgiensi saltu" neu hinterfragt und interpretiert werden. Das setzt dann voraus, sich von der bisherigen Übersetzung zu lösen, die in 'Teutoburgiensis saltus' einen langgestreckten Gebirgszug, nämlich den „Teutoburger Wald" oder ein bewaldetes Berg- und Hügelland, nämlich das Weserbergland oder auch nur das westliche Weserbergland, sehen will. Es dürfte jedoch auf

Grund der Tacitusstelle (Anm. I, 60,3) unbestritten sein, dass sich Germanicus mit seinem Heer „nach Abschluss der Aktionen gegen die Brukterer im Bereich der Quellgebiete von Ems und Lippe und damit in der Nähe des Osnings zwischen Oerlinghausen und Bad Driburg"[102] aufhielt.

Nach dem oben Dargelegten handelt es sich bei der Bezeichnung „Teutoburgiensis saltus" um eine konkrete Sachstandsbeschreibung ohne eine präzise Festlegung auf eine bestimmte nachprüfbare Örtlichkeit. So könnte der Begriff „haud procul" einem Zirkelschlag gleichend einen Radius vorgeben, in dem der Opferwald der Teutoburg liegen könnte. Wer immer zum letzten Schlachtfeld des Varus gelangen will, muss der Textstelle nach, gleichzeitig zum Opferwald der Teutoburg kommen, denn es darf nicht der Fehler gemacht werden, aus dem Text des Tacitus nur die Stelle „haud procul Teutoburgiensi saltu" isoliert zu untersuchen. Diese Stelle muss nämlich stets mit dem unverzichtbaren Nebensatz gelesen werden: „haud procul Teutoburgiensi saltu, in quo reliquiae Vari legionumque insepultae dicebantur," also „nicht weit entfernt vom (Opfer)Wald der Teutoburg, wo die Überreste des Varus und seiner Legionen unbestattet liegen sollen."

Tacitus wollte nicht schildern, wie weit ein gewisser heidnischer Opferwald einer Teutoburg vom damaligen Lagerplatz des Germanicus entfernt sei, er wollte vielmehr mit diesem örtlichen Bezug lediglich erklären, wo die Überreste des Varus und seiner Legionen unbestattet liegen sollten, denn nur um deren Bestattung ging es dem Germanicus mit seinem Heer.

Die Bezeichnung „haud procul" wird unterschiedlich ausgelegt. Nach dem buchstäblichen Sinn muss sie mit „unweit, nicht fern, in der Nähe" übersetzt werden, doch haben bereits zeitgenössische antike Schriftsteller „haud procul" mitunter sehr großzügig hinsichtlich des Begriffes 'näher' ausgelegt und gebraucht. Deshalb müssen die jeweiligen antiken Textstellen kritisch diesbezüglich analysiert werden. Neubourg[103] hat im 19. Jahrhundert die Annalen und Historien des Tacitus dahingehend untersucht, wo Tacitus den Begriff „haud procul" benutzt und in welchem Sinne er ihn einsetzt. Neubourg kommt dabei zu folgendem Ergebnis, dass in zehn von ihm gefundenen Stellen in den Schriften des Tacitus „haud procul" mit einer Entfernung von bis zu vier Stunden gleichgesetzt würde. Es sei demnach schlüssig, auch in dem o.g. Tacitustext bei „haud procul Teutoburgiensi saltu" von einer räumlichen Distanz von vier Stunden auszugehen.

Doch unabhängig davon, ob der Entfernungsradius für „haud procul" nun mit vier oder wenigen Stunden mehr gezogen würde, ist aus dem Text von Tacitus (Ann. I, 61,1) zu entnehmen, dass sowohl dem Germanicus als auch seinem Heer nicht weit vom Schlachtort mit den unbestatteten Gebeinen der römischen Gefallenen intensiv der Wunsch und der religiöse Zwang befielen, die Überreste der Gefallenen zu bestatten. Diese tiefe emotionale Betroffenheit ist nur hinsichtlich der kurzen Distanz ihres Lagerplatzes zum Schlachtfeld zu verstehen.

Mit dem Varusschlachtfeld betrat demnach Germanicus 15 n. Chr. mit seinem Heer auch den geheiligten Boden des zentralen Kultheiligtums. Auch Germanicus tat damit nach germanischem Glauben ein Neidingswerk, indem er den dortigen Gottesfrieden störte und nahe der heiligen Altäre die Gebeine der drei Legionen bestatten ließ[104], wobei er selbst das erste Rasenstück beim Bau des Grabhügels (tumulus) legte (Tacitus, Ann. I, 62,1).

Dieser Grabhügel, unmittelbar am wichtigsten Heiligtum der Istvaeonen errichtet, ist auch umgehend von den Germanen wieder zerstört worden, denn als Germanicus ein Jahr später mit sechs Legionen zum belagerten Lippe-Lager „Aliso" marschierte, schreibt Tacitus (Ann. II, 7, 2.3): „Doch den erst jüngst für die Legionen des Varus errichteten Grabhügel hatten sie zerstört ... den Grabhügel zu erneuern, schien nicht angebracht."

Hier stellt sich die berechtigte Frage, warum die germanischen Stammesverbände dem Germanicus mit seinen Legionen beim Betreten des Schlachtfeldes, dem heiligen Bezirk, angesichts der Altäre keinen militärischen Widerstand entgegensetzten. Zwar hielt sich Arminius als inzwischen wohl unangefochtener Führer der germanischen Verbände in der Nähe auf, doch aus wohl überlegtem militärischen Kalkül hielt er sich mit Angriffen noch zurück. Angesichts der immensen römischen Militärmacht des Germanicus hatte er sich dorthin zurückgezogen, wo er sich bessere militärische Chancen für einen Kampf mit Germanicus ausrechnen konnte. Bekanntlich begann Germanicus nach Tacitus (Ann. I, 60,1.2) die Offensive gegen die Brukterer mit vier Legionen, vierzig römischen Kohorten des Caecina, der Reiterei des Praefekten Pedo und den Hilfstruppen der Chauken. Die Taktik des Arminius, zu warten und den Schlachtort selbst zu bestimmen, sollte aufgehen, denn „Germanicus folgte Arminius, der sich in unwegsames (Gebiet) zurückzog" (Tacitus, Ann. I, 63,1). Anders als bei der Varusschlacht, während der heiligen Zeit am heiligsten Ort, fand diesmal kein zentrales Kultfest statt, so dass zwar ein römischer Frevel bezüglich des heiligen Ortes, nicht jedoch bezüglich der heiligen Zeit vorlag. Arminius übte auch kein Bannrecht wie der Oberpriester aus. Aber wohl in Abstimmung mit dem Oberpriester konnte er sich bei seinen militärischen Aktionen ausschließlich von Erfolg versprechenden militärstrategischen Überlegungen leiten lassen.

X. Die Konzentration germanischer Stammesverbände im Herbst 9 n. Chr. unter den Augen der Römer

Das Zusammenkommen aller wehrfähigen Männer der Kultgemeinschaft der Istvaeonen an ihrem zentralen Heiligtum im Herbst des Jahres 9 n. Chr. würde auch die bislang offene Frage beantworten, warum sich so viele germanische Krieger an einem Ort treffen konnten, ohne jeglichen Argwohn bei den Römern zu erwecken.

Bis auf den heutigen Tag können selbst bei sonstigen Ausgangssperren und Versammlungsverboten Wallfahrten bzw. Massenveranstaltungen von Gläubigen zu und an ihren heiligen Zentren durchgeführt werden, ohne dass dies von der Obrigkeit unterbunden würde. Der Versuch, dies militärisch zu verhindern, würde nämlich nicht kalkulierbaren Aufruhr bewirken. So konnten z. B. im damaligen kommunistischen Polen trotz Ausrufung des Kriegsrechtes am 13.12.1981 dennoch über hunderttausend Pilger unbehelligt zur Schwarzen Madonna nach Tschenstochau wallfahrten. Und selbst in Zeiten größter Spannungen zwischen den Palästinensern und Israelis, z. B. wegen der Intifada oder terroristischer Bombenanschläge, ließen es die Israelis bisher stets zu, dass zigtausende von Muslimen den Beginn des heiligen Fastenmonats Ramadan auf dem Ölberg in Jerusalem begehen konnten, in unmittelbarer Nähe der Klagemauer, dem höchsten Heiligtum der Juden.

Varus wusste, dass in großen zeitlichen Abständen das zentrale Kultfest der Istvaeonen-Stämme an ihrem zentralen Heiligtum gefeiert würde, an dem jeder wehrfähige Germane auf Grund göttlichen Gebotes teilzunehmen hatte. Welche Stämme zur Kultgemeinschaft der Istvaeonen gehörten, wie groß diese waren und wo sie siedelten, war den Römern

sicherlich bekannt. Immerhin befanden sie sich schon seit
über 20 Jahren im rechtsrheinischen Germanien.

Zu diesem guten Informationsstand der römischen Füh-
rung über die germanischen Stämme trugen vorrangig die
Militärs bei[105], aber auch wohl römische Händler, die die
Märkte auf rechtsrheinischem Gebiet beschickten (Cassius
Dio 56, 18,2). Arminius musste daher dem Varus nichts über
das Kultfest an sich sagen, sondern ihm nur die o. g. guten
Gründe darlegen, dort persönlich bei den Stammeseliten zu
erscheinen.

Da Varus und sein Generalstab über Größe und Zusam-
mensetzung der jeweiligen Stammesverbände informiert
waren, wussten sie auch, das zigtausende Germanen aus
allen Richtungen zum Kultfest am Kultheiligtum kommen
würden. Auch das Datum war bekannt. Es bestand also keinerlei Befürchtung vor dem Anmarsch dieser Krieger. Im
Gegenteil, dieses zentrale Treffen aller Stämme der Istvaeonen wurde von Varus und seinem Stab als die günstige Gelegenheit angesehen, mit allen germanischen Eliten einschließlich der Priesterschaft zusammenzutreffen. Dabei
konnte ihnen die Notwendigkeit und der eiserne römische
Wille, die geplanten „Reformen" im Sinne Roms durchzuführen, mit einer gleichzeitigen militärischen Machtdemonstration verdeutlicht werden. Es dürfte davon auszugehen sein,
dass Arminius an diesen Überlegungen nicht unbeteiligt war.
Bekanntlich war es den Römern nicht verborgen geblieben,
wie es „innenpolitisch" bei den Germanen wegen der römischen Finanz-, Steuer- und Rechtspolitik gärte. Deshalb war
der geplante Marsch des Varus zum „Gipfeltreffen" am Kultzentrum der Istvaeonen politisch gewollt, auch wenn dieser
Marsch einen Umweg bedeutete, da das Kultzentrum abseits
von der römischen Etappenstraße vom Sommer- zum Winterlager lag.

XI. Die militärische Angriffsplanung des Arminius

Arminius als taktisch und strategisch denkendem Militärführer, der seine militärische Begabung als römischer ritterlicher Offizier erfolgreich in Thrakien unter Beweis stellen konnte, war es von Anfang an bewusst, dass er den römischen Elitetruppen nur mit einem zahlenmäßig größeren Kontigent von germanischen Stammeskriegern aus verschiedenen Stämmen militärisch erfolgreich entgegentreten konnte. Zumindest musste die Truppenstärke der Römer erreicht werden. Diese für erforderlich angesehene germanische Mannschaftsstärke kam wie selbstverständlich beim Treffen aller wehrfähigen Germanen der Istvaeonen-Stämme anlässlich ihres zentralen Kultfestes zu Stande. Nach antiken Berichten lag die Stärke eines durchschnittlichen Stammesaufgebotes bei rund 5.000 Kriegern.[106] Die gesamte Kultgemeinschaft der Istvaeonen-Stämme wird mehr als vier Stämme umfasst haben. Allein vier Stämme nämlich werden im Zusammenhang mit der Varusschlacht erwähnt: zuerst die Cherusker, dann jedoch noch drei weitere Stämme, die einen der erbeuteten Legionsadler als Kriegsbeute erhielten wie z. B. die Brukterer und Marser.[107]

Zur gesamten kriegserfahrenen, schlagkräftigen Streitmacht des Varus (Cassius Dio 56, 20,2) kam noch der übergroße Tross hinzu, bestehend aus dem üblichen Heerestross und der großen Zahl von Zivilisten, Frauen, Kindern, Knechten und Händlern, die sich im Sommerlager des Statthalters aufhielten. Auch wenn die Sollstärke der Legionen durch Abkommandierungen nicht ganz erreicht wurde, sind die Legionen in ihrer Mannschaftsstärke nicht entscheidend geschwächt worden, wie oben bereits näher ausgeführt wurde. Arminius, der sich selbst als häufiger Gast des Varus in dessen Sommerlager einen genauen Überblick über die Ist-Stärke der römischen Einheiten verschaffen konnte, musste daher bei seiner Angriffsplanung von der Einsatzbereitschaft dreier Legionen ausgehen, einschließlich der Reiterei und leichter Auxiliarinfanterie.

Als langjähriger, militärisch bewährter Führer germanischer Auxiliareinheiten mit dem römischen Militärdienst, der Strategie und Taktik der Römer hervorragend vertraut, wusste Arminius selbstverständlich, dass das Verlassen des Sommerlagers durch die Römer in befreundetem Gebiet in üblicher Reisemarschformation erfolgen würde. Das bedeutete, dass jeder Legion ihr kleiner Tross folgen würde, der sie von nachfolgenden Legionen trennen würde. Dem großen Tross am Kolonnenende würde die militärische Nachhut folgen. Diese Marschformation wird als „agmen impeditum" bezeichnet, das heißt die Legionen sind „nicht gefechtsbereit".[108] Auf dem Marsch würden die Legionen demnach durch einen übermäßig großen Tross militärisch beeinträchtigt sein, vor allem durch die Überlänge der gesamten Marschkolonne.

Nach Norkus[109] befanden sich – niedrig gerechnet – bei der Armee des Varus 31.000 Menschen, 7.000 Pferde und 360 Fahrzeuge. Dabei sind die mutmaßlichen Zahlen für den „großen Tross" nicht von ihm mitberücksichtigt. Das ist auch nicht plausibel darstellbar, da es unbelegbar bleiben wird, wie viel Nachschub durch die Schiffe zum Sommerlager gebracht wurde und wie viel Gepäck diese bei der Rückfahrt vom Sommerlager als Schiffsfracht mit zurück in die Winterlager brachten.

[Ohne diese Transportleistung der römischen Rhein-Flotte zu berücksichtigen, berechnet Norkus (wie Anm. 32), S. 36, den Fuhrpark des großen Trosses mit rd. 2.900 Fahrzeugen, ebenso vielen Menschen und 5.800 Pferden. Es

spricht aber einiges dafür, dass der große Tross kleiner war, weil gerade per Schiff vieles ins Sommerlager transportiert wurde, was ansonsten mit dem Tross hätte herbeigeschafft werden müssen. Daher ist es schlüssig anzunehmen, dass auch viel persönliches, möglicherweise umfangreiches Gepäck der römischen Soldaten, das für einen monatelangen Aufenthalt des Heeres zu Friedenszeiten mit in das Sommerlager am Rande ihrer Zivilisation mitgenommen wurde, auf der Rückfahrt der wohl weitgehend leeren Frachtschiffe als Beiladung bequemer und sicherer mit in die Winterlager am Rhein transportiert wurde. Das würde bedeuten, dass dieses Gepäck zwar die Winterlager erreicht haben dürfte, nicht aber ihre jeweiligen Besitzer, die auf dem Rückmarsch der Varusarmee den Tod fanden. Dann würde auch eine Stelle bei Velleius Paterculus (2, 120, 3) verständlicher werden, in der er u.a. über den ansonsten gelobten Legaten L. Asprenas wie folgt schreibt: „Manche Leute glauben jedoch, er habe so, wie er die Lebenden gerettet habe, auch den Nachlass der unter Varus Niedergemetzelten übernommen und das Erbe des gefallenen Heeres angetreten, soweit es ihm beliebte."]

Für das römische Militär, bestehend aus der Kampftruppe, dem Gefolge des Feldherrn, den Praetorianerkohorten und dem kleinen Tross, kommt Norkus[110] auf eine – dicht aufgeschlossene – Marschlänge von rd. 14 km. Hierzu müsste noch die unbekannte Größe des großen Trosses hinzugerechnet werden, sodass demnach die Nachhuteinheiten erst nach Stunden beim Halt der vordersten Einheiten dort eintreffen würden. Auf die Problematik des großen Trosses weist auch später Cassius Dio (56, 20,2) hin: „Sie führten auch wie im Frieden viele Wagen und Lasttiere mit, ferner folgten ihnen nicht wenige Kinder und Frauen und zahlreiche Trossknechte; auch dies trug zur Auflösung der Marschordnung bei."

Die geplanten überfallartigen Angriffe der germanischen Krieger auf die römischen Marschkolonnen konnten erst dann beginnen, wenn der römische Heereszug den Hauptverkehrsweg zu den Lippe-Lagern längst verlassen hatte und sich bereits eine geraume Zeit auf dem schwer passierbaren Nebenweg zum Kultzentrum der Istvaeonen befinden würde. Vorherige germanische Kampfhandlungen würden nur dazu führen, dass die römische Militärführung offensiver agieren könnte und auch alles daransetzen würde, direkt die befestigten Militärlager an der Lippe zu erreichen.

Arminius war sich dessen bewusst, dass er nicht der Militärführer straff organisierter, disziplinierter Truppen war, sondern dass er es mit germanischen Kriegern verschiedener Stämme zu tun hatte, die als Bauernkrieger auf Zeit – wahrscheinlich nach Sippen formiert – innerhalb ihrer eigenen Stammesverbände nur ihrem eigenen jeweiligen Stammes- bzw. Heerführer verpflichtet waren.

Bei der Kampfesführung musste Arminius vor allem die unterschiedliche Bewaffnung der Römer und Germanen berücksichtigen. Den waffenmäßig hoch gerüsteten Römern standen lediglich leicht bewaffnete Germanen gegenüber. So bestand bekanntlich die traditionelle germanische Bewaffnung aus Lanzen, oft aus zweischneidigen Langschwertern oder einschneidigen Hiebschwertern. Als Fernwaffen benutzten sie Speere, während Pfeil und Bogen bei kriegerischen Auseinandersetzungen offensichtlich keine Rolle spielten. Als Schutzwaffe diente lediglich der Schild. Auf diese leichte Bewaffnung der germanischen Krieger weist besonders Germanicus zur Aufmunterung der römischen Truppen vor der Schlacht von Idistaviso im Jahre 16 n. Chr. nach Tacitus (Ann. II, 14, 3) wie folgt hin: „Der Germane habe keinen Panzer, keinen Helm, nicht einmal die Schilde seien mit Eisen oder Leder verstärkt, sondern nur Webege-

flechte oder dünne, bunt gefärbte Bretter; sei auch die erste
Reihe mit Lanzen bewaffnet, so hätten die übrigen nur vorn
gebrannte, kurze Speere."

Diese Art Bewaffnung mit Lanze, Speer, Schwert und
Schild lasse nur eine leichte bewegliche Kampfweise der
Germanen zu. Schnelle Attacken und sofortiges Lösen vom
Gegner war die einzige Möglichkeit der germanischen Bauernkrieger den militärisch gedrillten, schwer bewaffneten
römischen Berufssoldaten zu widerstehen.[111] Auch war ein
enges, gemeinsames militärisches Operieren der verschiedenen Stammesaufgebote unter ihren jeweiligen Heeresführern
vor Kampfbeginn „manövermäßig" nicht zu üben. Das
gemeinsam abzustimmende Kämpfen musste sich vorrangig
aus dem jeweiligen Schlachtverlauf entwickeln.

Wichtig war es daher für Arminius als ehemaligem Führer
der germanischen kampferprobten Auxiliareinheiten dafür zu
sorgen, dass diese, die wahrscheinlich über das „Land verteilt" einzelnen Wachtposten und Kleinkastellen zugeordnet
waren, nach ihrer erfolgreichen Erhebung in Eilmärschen
zum allseits bekannten Kultzentrum der Istvaeonen kommen
würden. Vor allem mit ihrer Unterstützung auf Grund ihrer
militärischen Ausbildung, des Vertrautseins mit der römischen Kriegsführung würde er im Bereich des Kultheiligt-
tums gemeinsam mit den religiös fanatisierten Stammeskriegern die Entscheidungsschlacht gegen die Römer führen
müssen. Angesichts des heiligen Ortes, der heiligen Festzeiten sowie der religiösen Inbrunst der vom Oberpriester ange-
triebenen Gläubigen bestand an der religiösen Wut und an
dem dadurch bedingten besonders aufopferungsbereiten
Kampfeswillen der germanischen Krieger keinerlei Zweifel.
Dieser religiöse Fanatismus würde auch die Strapazen langer
entbehrungsreicher Anmarschwege rasch vergessen machen.
Die wohl sippenweise am Kultplatz eintreffenden Stammes-

verbände hatten entsprechend der Entfernung ihrer Sied-
lungsgebiete mehr oder weniger weite beschwerliche Wege
zurückzulegen.

Probleme, den Nachschub für die am Kultplatz eintreffenden Krieger zu organisieren, dürfte es für Arminius nicht
gegeben haben, da es selbstverständlich war, dass die
immense Zahl von Stammeskriegern den für die Festtage am
Kultplatz bzw. für die Kriegsführung benötigten Proviant
selbst mitbrachten, denn die damalige geringe landwirt-
schaftliche Produktivität bei gleichzeitig geringem nutzbaren
Boden und somit das Fehlen großer Flächen von Kornfeldern
bei geringer Viehhaltung in einem lokal begrenzten Gebiet
konnte nicht annähernd eine solche große Menschenzahl
ernähren.[112]

Arminius konnte auch davon ausgehen, dass zur Zeit der
Tag- und Nachtgleiche dem römischen Militär weniger
Tageslichtstunden für die Märsche zur Verfügung standen als
im Sommer. Das ging zu Lasten der zurückzulegenden
Marschstrecke, da es im römischen Heer für die Truppen
strikte Vorschrift war, auf langen Kriegsmärschen jeden
Abend ein Marschlager anzulegen. Normalerweise konnten
die römischen Truppen samt ihrem Tross auf unbefestigten
Wegen eine durchschnittliche Marschleistung von rd. 20 km
pro Tag erbringen.[113]

Nicht planbar, wenn auch sehr willkommen, war für die
germanische Kriegsführung die enorme Unterstützung durch
das äußerst miserable Wetter. Die im späteren Schlachtenver-
lauf anhaltenden schweren Regenunwetter benachteiligten
einseitig die Römer in ihrem Waffengebrauch (Cassius Dio
56, 21, 3). Zusätzlich dürfte der Oberpriester das Unwetter
als göttliches Zeichen für die Hilfe des Wodan im Kampf
gegen die gottesfrevlerischen Römer ausgelegt und den fanatisierten Kriegern auch vermittelt haben, dass die Gottheit

auf ihrer Seite stünde.

Es könnte widersprüchlich sein, dass Cassius Dio (56, 21, 3) zu Beginn des letzten Kampftages der römischen Legionen vom vierten Tag ihres Marsches spricht, während nach Tacitus die Kampfhandlungen sich über drei Tage erstreckten: So endete der erste Kampftag mit der Errichtung des Drei-Legionen-Marschlagers (Tacitus Ann. I, 61, 2; Cassius Dio 56, 21, 1). Der zweite Kampftag endete ohne Tross, wobei die Legionen durch ständige Attacken der Germanen schon starke Verluste hinnehmen mussten, mit der Errichtung eines erheblich reduzierten Marschlagers mit Wall und flachem Graben (Tacitus Ann. I, 61, 2; Cassius Dio 56, 21, 2).

Der dritte Kampftag brachte schließlich den Untergang des restlichen römischen Heeres, von Cassius Dio (56, 21, 3) als vierter Marschtag bezeichnet.

Doch ist dies kein Widerspruch, denn Cassius Dio spricht vom vierten Marschtag. Es gab also neben den drei Kampftagen noch einen friedlichen Marschtag. Es dürfte mehr als wahrscheinlich sein, dass der Abmarsch aus dem Sommerlager aus dem Wesertal bei Hameln ins Weserbergland mit seinen Steigungen für übermäßig große Kolonnen aus Soldaten und Zivilisten, mit Tausenden von Reit-, Zug- und Tragtieren mit einer immensen Anzahl von Wagen, jeweils friedensmäßig bunt gemischt, viel Zeit in Anspruch genommen haben dürfte. Danach mussten sie so lange auf dem Hauptwege in Richtung Lippe-Lager marschieren, um den Abzweig in Richtung Kultheiligtum zu erreichen.

Da der erste Marschtag friedlich verlaufen sein dürfte, ist dies ein Indiz dafür, dass die Römer das erste Nachtlager noch am Hauptweg bezogen. Es wird wahrscheinlich schon bestanden haben, da dies auf dem Hinmarsch zur Weser das letzte Etappenlager vor der letzten Tagesetappe zum Sommerlager gewesen sein dürfte. Erst am zweiten Marschtag muss dann der Abzweig des Nebenweges zum Kultplatz erreicht worden sein, was bedeutet, dass er wohl mehr als eine Tagesetappe vom Sommerlager entfernt lag.

Nachdem auch die letzten römischen Nachhuteinheiten, die bekanntlich das Ende der Marschkolonnen von etlichen Kilometern Länge bildeten, sich schon eine Zeit lang auf der Nebenstrecke zum Kultplatz in bereits schwer passierbarem Waldgelände (Cassius Dio 56, 19, 5) befanden, konnte sich Arminius erst da sicher sein, dass die Römer in die gestellte Falle hineinmarschiert waren. Doch der Hinweis auf „schwer passierbare Waldgegenden" darf nicht dahingehend fehlgedeutet werden, dass die Passage nahezu unpassierbar sei. Cassius Dio (56, 20, 2) weist nämlich darauf hin, dass die Römer „viele Wagen und Lasttiere" mit sich führten. Das setzt voraus, dass die Nebenstrecke zum Kultheiligtum so beschaffen gewesen sein muss, dass sie grundsätzlich für die Benutzung von Wagen geeignet war. Das die Römer tatsächlich mit Wagen auf dieser Wegstrecke unterwegs waren, geht auch aus der Textstelle bei Cassius Dio (56, 21, 1) hervor, in der er berichtet, dass die Römer am Ende des ersten Kampftages „zahlreiche Wagen" an ihrem Marschlager verbrannten oder zurückgelassen hätten. Wenn die Strecke für Wagen nicht passierbar gewesen wäre, hätten die Römer dank ihrer guten Wegekenntnis diesen Weg auch gar nicht erst benutzt.

Nachdem die Römer also sich eine Zeit lang auf dem Nebenweg befanden, musste für Arminius die erste Phase seines Drei-Phasen-Angriffplanes beginnen, nämlich der Überraschungsangriff auf die ahnungslosen Römer. Sie sah wohl vor, mit seinen Stammeskriegern, den Cheruskern, die am nächsten siedelten und daher über hervorragende Geländekenntnisse verfügten, den eventuellen Rückzug auf den Hauptverkehrsweg für die Römer durch Verbarrikadieren des

Weges unmöglich zu machen. Danach waren die hinteren Marscheinheiten und der Tross überfallartig anzugreifen und dabei vor allem auch beim Tross für Verwirrung, Chaos und durch umstürzende Wagen für Selbstblockierungen des Marschweges zu sorgen, um einzelne Militäreinheiten zu isolieren.

Es war für Arminius selbstverständlich, dass diese „Überraschungsphase" nicht von örtlich fremden Stammeskriegern durchzuführen war. Wenn die mit „Land und Leuten" seit langen Jahren vertrauten Römer dort vorher fremde germanische Stammeskrieger gesehen hätten, wären sie mit großer Wahrscheinlichkeit dadurch gewarnt, nicht weitergezogen. Timpe weist zu Recht darauf hin, dass die römischen Offiziere mehr „Kenntnisse über Wegeverhältnisse, strategische Schlüsselpositionen, über Passagen durch Flüsse und Moore und über weiträumige Tagesmarschentfernungen gesammelt" hatten, als nach der Literatur zu erwarten ist. Sie verfügten über gute Verbindungen „zu den Stammesautoritäten, den einheimischen Vertrauensleuten, verbündeten Stammesaristokraten und Hilfskontigentführern".[114]

Arminius wusste, dass der Überraschungseffekt bei einem plötzlichen Überfall gegenüber den arglosen römischen Einheiten nur vorübergehende psychologische Schockwirkung zeigen würde. Schließlich wird er selbst anhand seiner militärischen Erfahrung in fremden Aufstandsgebieten des heutigen Balkan gewusst haben, wie schnell sich die gut ausgebildeten römischen Berufssoldaten unter hervorragender militärischer Führung auf solch feindliche Überraschungsmomente einzustellen vermochten und gefechtsbereit waren. Arminius konnte jedoch davon ausgehen, dass unabhängig von der schnellen Gefechtsbereitschaft der römischen Soldaten, aus der Marschformation „agmen impeditum" keine gefechtsbereite Marschformation „agmen expeditum" gebil-

det werden konnte, da während des langgezogenen Marsches
auf schwer passierbarem, regennassen Nebenweg die jeweiligen kleinen Trosse der Legionen nicht zusammengefasst
werden konnten, vom großen Tross ganz zu schweigen.

Die Schwachstelle des römischen Marsches war immer
der Tross. So berichtet Cassius Dio (56, 20,5), dass bereits
am ersten Kampftag der große Tross zur Auflösung der
Marschordnung erheblich mit beigetragen habe, „da die
Römer nicht in einer einigermaßen geordneten Formation
vorrückten, sondern die Kolonne mit Wagen und Unbewaffneten bunt gemischt war, konnten sie nicht ohne Weiteres
dicht aufschließen, und ihre einzelnen Abteilungen waren
jeweils zahlenmäßig schwächer als die angreifenden Feinde". Dies nutzte Arminius konsequent aus, um immer wieder
und abwechselnd den Kampf bzw. die Überraschungsattakken gegen alle neuralgischen Punkte der langgezogenen
römischen Marschkolonnen zu führen und nicht nur eine
andauernde Verfolgung zu betreiben.[115]

Die Ausmalung der Geländeschwierigkeiten könnte bei
Cassius Dio übertrieben sein auf Grund der verkürzenden,
griechisch abgefassten Bearbeitung einer lateinischen Primärquelle, wie es Lehmann mutmaßt.[116] So schildert Cassius
Dio (56, 20, 4) wie die Germanen plötzlich aus dem dichtesten Gebüsch hervorbrachen, um den Nahkampf zu suchen.
Damit wird der Eindruck erweckt, als ob das römische Heer
sich seinen Marsch durch dichtes Unterholz bahnen musste.
Doch die Wälder im Weserbergland werden hauptsächlich
aus Buchen bestanden haben, die im allgemeinen keinen
direkteren Unterbewuchs zulassen.[117]

Die Verluste des römischen Heeres durch die germanischen Attacken mussten sich auch in Grenzen gehalten
haben, denn Varus konnte bekanntlich am Ende des ersten
Kampftages auf einer für ein großes Marschlager geeigneten

freien Fläche immerhin ein ordnungsgemäßes Drei-Legionen-Marschlager errichten, ohne dass dies von den germanischen Kriegern verhindert worden wäre, die dazu mutmaß-
lich auch zu wenig Krieger vor Ort hatten. Dies zu verhindern, wäre wahrscheinlich auch nicht im taktischen Interesse
des Arminius gewesen. Dabei wäre den Römern zu schnell
bewusst geworden, mit wie wenig germanischen Kriegern
Arminius zu diesem Zeitpunkt kämpfen konnte. Zudem war
das zentrale Kultheiligtum mit den dort sich versammelnden
anderen Stammeskriegern und germanischen Auxiliareinheiten noch zu weit entfernt. Außerdem wird Arminius daran
gelegen gewesen sein, den Tross auf geordnete Weise vom
römischen Heer zu trennen.

Varus zog auch nach Beziehen des Marschlagers mit seinem Generalstab aus dem militärischen Dilemma mit dem
übergroßen Tross die bittere, aber einzig gebotene militärische Konsequenz, sich ab dem nächsten Morgen weitgehend
vom Tross zu trennen. Cassius Dio (56, 21,1) schildert das
wie folgt: „Nachdem sie dann zahlreiche Wagen und sonsti-
ge Gegenstände, die nicht unbedingt erforderlich waren, verbrannt oder zurückgelassen hatten, zogen sie am anderen
Morgen in etwas besserer Ordnung weiter." Es wurde demnach nur das unbedingt militärisch Notwendige mitgenommen. Hieraus kann geschlossen werden, dass dies auch eine
Trennung vom Gros der Zivilisten bedeutete. Wahrscheinlich
aus Scham über die Preisgabe der großen Zahl römischer
Zivilisten aus militärischem Kalkül sagen hierzu die überlieferten römischen Schriftquellen nichts aus.[118]

Die Zurücklassung des Trosses wäre nach John auch aus
einem weiteren Grunde militärisch sinnvoll gewesen, „da
man doch gerade dadurch, dass man den Tross unversehrt
den beutegierigen Germanen zur Plünderung überlassen
hätte, sich die Möglichkeit hätte verschaffen können, leichter

vom Feinde loszukommen."[119]

Doch der Umfang der von den Römern zurückgelassenen Beute sollte nicht überschätzt werden. Die römische Militärführung wird bei einem planvoll organisierten Abzug des Heeres aus dem Marschlager den feindlichen Cheruskern nichts zurückgelassen haben, was für diese militärisch von Nutzen gewesen sein dürfte. Nach Cassius Dio (56, 21,1) haben die Römer vor ihrem Weitermarsch einen großen Teil des mitgeführten Trosses an Wagen und sonstigen Gegenständen an Ort und Stelle verbrannt und – wie zu vermuten ist – einen unbestimmten Rest des Trosses zurückgelassen, darunter wahrscheinlich auch Proviant für die zurückzulassenden Zivilisten. Für einen großen Teil des mitgeführten Proviants dürfte es bei regnerischem, miserablen Wetter genügt haben, ihn auf dem zertretenen, schlammigen Grund des Lagers zu verschütten. Darüber hinaus dürfte – wie oben gesagt – ein nicht unbedeutender Teil der persönlichen Habe des Heeres sich auf den Frachtschiffen weserabwärts auf der Rückfahrt zu den Winterlagern am Rhein befunden haben. Das wird es wohl auch den meisten römischen Soldaten leichter gemacht haben, sich aus militärischer Notwendigkeit vom übrigen Tross zu trennen.

Was nach dem Weiterzug des römischen Heeres als noch verwertbare Beute zurückgelassen wurde, dürfte den Kriegern der Cherusker in die Hände gefallen sein, da diese wohl weitgehend allein am ersten Kampftag die Hauptlast der kriegerischen Auseinandersetzungen zu tragen hatten. Die Tatsache, dass die Cherusker Beute gemacht haben, dürfte sich aus dem Hinweis bei Tacitus (Ann. I, 57, 5) erhärten, wonach das römische Militär unter Germanicus 15 n. Chr. bei dem von Arminius belagerten Cheruskerfürsten Segestes, nach dessen Entsatz durch römische Truppen, Beutestücke von der Niederlage des Varus zusammentrug, „die vielen von denen, die sich nun ergaben, (seinerzeit) von der Beute ausgeteilt worden waren."

Ob die übrigen Stämme der Istvaeonen, die nicht am Beutemachen beim Rest des Trosses beteiligt waren, zur Kompensation dafür später nach der siegreichen Schlacht am Opferwald u. a. die prestigeträchtigen eroberten Legionsadler erhielten, ist nicht auszuschließen. Auffallend ist jedoch, dass die Cherusker keinen Legionsadler erhielten.

Die These, dass die Masse der übrigen Zivilisten sich vor der Vernichtungsschlacht am Heiligtum vom römischen Militär getrennt haben muß, wird durch die Beschreibung des Schlachtfeldes durch Tacitus gestützt, denn dort ergibt sich kein Hinweis auf sterbliche Überreste von „Zivilisten", sondern lediglich von römischen Soldaten. Auch Cassius Dio (56, 22, 2) berichtet nur davon, dass dort „jeder Mann und jedes Pferd erbarmungslos niedergemetzelt" wurden. Es gibt auch keinerlei Hinweis aus den Schriftquellen, dass unter den Kriegsgefangenen nach der Schlacht sich auch zivile Gefangene befunden hätten. Dies lässt nur den Schluss zu, dass der Tross mit den vielen Zivilisten nicht bis zur Einkesselung des römischen Militärs mitgeführt wurde.

Dann dürfte es nur drei Möglichkeiten geben, was mit den Zivilisten geschah: Sie konnten entweder nach dem ersten Kampftag von den Germanen niedergemacht oder gefangengenommen worden sein, oder sie konnten sich nach Verlassen des Marschlagers mit Duldung der Germanen zu den römischen Lippe-Lagern durchschlagen.

Vieles spricht für die dritte Möglichkeit. Wenn die Germanen so viele Zivilisten, darunter viele Kinder und Frauen, niedergemacht hätten, wäre dies ein solches Massaker gewesen, dass es in den antiken Schriftquellen nicht unerwähnt geblieben wäre. Schließlich werden römische Massaker an Zivilisten der Gegner mehrfach erwähnt. So bezeichnet Tacitus (Ann. I, 51, 1 u. 2) den Überfall auf die Marser durch Germanicus im Jahre 14 n. Chr. als Gemetzel, bei dem weder „Geschlecht noch Alter" Erbarmen fanden. Ähnlich äußerte er sich über den Überfall auf die Chatten ebenfalls durch Germanicus ein Jahr später 15 n. Chr. (Ann. I, 56, 3): „Doch nahte man den Chatten so unerwartet, dass alle, die auf Grund ihres Alters oder Geschlechtes schwächlich waren, auf der Stelle gefangen oder totgeschlagen wurden."

Es ist also davon auszugehen, das es kein germanisches Massaker an den römischen Zivilisten gegeben hat.

Da der Tross und die Zivilisten nur bis zum ersten Marschlager auf dem Weg zum Kultplatz gekommen sind, dürften sie auch noch nicht den weiten Bannbereich des Heiligtums an solch hohen Festzeiten verletzt haben. Damit dürften sie sich auch keines Gottesfrevels schuldig gemacht haben, da in diesem Fall der Oberpriester für Wodan angemessene Sühne hätte verlangen müssen.

Ein entscheidender Punkt für die Germanen, den Abzug der Zivilisten zu ermöglichen, dürfte gewesen sein, dass ein Massaker an wehrlosen Zivilisten, zumal an Kindern und Frauen, dem germanischen „Ehrenkodex" widersprochen haben würde. Tacitus (Ann. I, 59, 2.3) berichtet nämlich von dem Aufruf des Arminius zum bewaffneten Kampf gegen die Römer, nachdem diese 15 n. Chr. seine schwangere Frau Thusnelda in Gefangenschaft geführt hätten: „Das sei ein großer Feldherr, ein starkes Heer, die mit so vielen Händen eine einzige Frau abgeführt hätten. Vor ihm seien drei Legionen und ebenso viele Legaten zu Boden gesunken, denn er führe nicht durch Verrat und auch nicht gegen schwangere Frauen, sondern offen gegen Bewaffnete Krieg."

Dies spricht auch gegen eine komplette Gefangennahme der römischen Zivilisten durch die Germanen, unabhängig von der Frage, ob dies für die kämpfenden Germanen militärisch Sinn gemacht hätte, sich mit so vielen Zivilisten während mehrtägiger Kampfhandlungen zu belasten. Auch eine solch komplette Gefangennahme hätte dann wohl einen Niederschlag in den römischen Schriftquellen gefunden. Es scheint somit alles dafür zu sprechen, dass es den zahlreichen Zivilisten gelungen sein muss, sich zu den Lippe-Lagern durchzuschlagen.

[Für die Vermutung, dass zumindest etliche „Zivilisten" die Lippelager erreicht haben dürften, scheinen einige antike Textstellen zu sprechen. So erwähnt Frontin (Strategemata 3, 15,4), dass „Überlebende aus der Niederlage des Varus" in einem Lager belagert wurden. Besonders hilfreich dürfte der Bericht des Zonaras (hier: Cassius Dio 56, 22,2a u. b) sein, der davon schreibt, dass die Germanen alle Kastelle mit einer Ausnahme, wohl von Aliso, eroberten: „Solange die [dort] eingeschlossenen Römer hinreichend Proviant besaßen, blieben sie in Erwartung auf Entsatz auf ihren Posten, als ihnen aber niemand zu Hilfe kam und sie vom Hunger gequält wurden, warteten sie eine stürmische Nacht ab – es waren nur noch wenige Kombattanten, die meisten waren unbewaffnet – und gelangten ... am zweiten feindlichen Wachtposten vorbei. Als sie in die Nähe der dritten Station kamen, wurden sie entdeckt, da die Frauen und Kinder aus Erschöpfung und aus Furcht vor der Finsternis und Kälte fortwährend die waffenfähige Mannschaft herbeiriefen."]

Für Arminius stellte sich militärisch die Lage wie folgt dar: Die Römer waren weit genug vom Hauptweg in eine Situation gebracht worden, sich vom Großteil des Trosses und somit auch vom Großteil des Proviants und von zahlreichen Zivilisten trennen zu müssen. Dies hatte neben den kräfte- und nervenaufreibenden unvorhergesehenen ständigen Attacken der Germanen, bei sehr schlechtem Wetter

große psychologische Auswirkungen auf die Gemütslage der
einzelnen römischen Soldaten. Das Zurücklassen des römischen Trosses durch Varus, soweit er nicht vorher von den
Römern vernichtet wurde, bedeutete wie oben ausgeführt,
dass die Cherusker noch außerhalb des geheiligten Bannkrei-
ses des zentralen Kultfestes (noch gleichsam unter sich)
Beute machen konnten. Der Einfluss des Arminius als Che-
ruskerführer dürfte zwar ausgereicht haben, den römischen
Zivilisten den wahrscheinlichen Weiterzug zu den Lippe-
Lagern zu ermöglichen, nicht jedoch, die Beutegier seiner
Stammeskrieger zu unterdrücken.

*[Die Beutegier der germanischen Krieger verhinderte oft
ein diszipliniertes, koordiniertes Vorgehen, um sich im
Kampf ergebende militärische Vorteile gegenüber den
Römern zügig und konsequent auszunutzen. Dafür überliefert Tacitus (Ann. I, 65, 6) ein prägnantes Beispiel, wo
15 n. Chr. beim Kampf um das Lager des Caecina unter
Führung des Arminius nur die Beutegier seiner germanischen Krieger die mögliche Vernichtung des Caecina und
seiner Legionen verhinderte. Obwohl Arminius zwischenzeitlich als unbestrittener oberster militärischer Führer
der Stammesverbände der Istvaeonen anerkannt wurde,
konnte er dieses schädliche vorzeitige Beutemachen-Wol-
len nicht verhindern.]*

Arminius wird dies auch gar nicht versucht haben, denn
dieses vorzeitige Beutemachen wird vielmehr hervorragend
in sein militärisches Konzept gepasst haben. Er konnte seine
Stammeskrieger als relativ junger Anführer gleichsam
kriegsbedingt gegenüber den anderen Stämmen bevorzugen
und damit seine Führungsautorität festigen und darüber hinaus konnten die Zivilisten ungehindert abziehen. Doch der
eigentliche militärische Vorteil lag für Arminius eindeutig
darin, dass es nunmehr bei den alles entscheidenden kom-

menden Marschgefechten und der geplanten Entscheidungsschlacht am Opferwald den germanischen Kriegern der Istvaeonen nicht mehr darum gehen würde, möglichst viel von
der zu erhoffenden römischen Beute für sich zu gewinnen, da
die römischen Soldaten mehr oder weniger nur noch das bei
sich gehabt haben dürften, was sie auf dem Leibe trugen.
Auch ein Streit zwischen den einzelnen Stämmen, den einzelnen Sippen um die besten, ehrenvollsten Beuteanteile
konnte somit während der vom Oberpriester geheiligten
Kämpfe vermieden werden. Wobei ein nicht geringer Anteil
der dort gemachten Beute wohl dem Wodan geopfert werden
musste. Die Kampfkraft und der Siegeswille aller germanischen Krieger konnten sich daher allein darauf konzentrie-
ren, für Wodan die Störung des Gottesfriedens durch das
römische Heer im Bannbereich ihres höchsten Kultfestes zu
sühnen.

Am zweiten Kampftag des römischen Heeres war es der
römischen Militärführung gelungen, die kriegsmäßig erfor-
derliche Aufstellung aller Truppenteile zu erreichen, um nun
ohne den übergroßen Teil des Trosses und ohne zahlreiche
Zivilisten in besserer Ordnung (Cassius Dio 56, 21, 1) den
Marsch fortzusetzen, „sodass sie sogar offenes Gelände
erreichen konnten."

Es stellt sich jedoch die Frage, warum der Generalstab
nach der kriegsmäßig erfolgten Aufstellung der römischen
Militärverbände dem Varus nicht nahegelegt hat, sich auf
dem gleichen Nebenweg wieder zurück zum Hauptweg
durchzukämpfen, wobei die Pioniereinheiten den Nebenweg
von möglichen Sperren und umgestürzten Trosswagen zu
befreien hätten. Dagegen scheint aber folgende Überlegung
zu sprechen: Das römische Heer war nunmehr auf Kämpfe
vorbereitet und der Generalstab, der das Wegesystem im
Gebiet der Istvaeonen genau gekannt haben dürfte, wird

gewusst haben, dass das Heer in Fortsetzung des nun einge-
schlagenen Marschweges zum Kultplatz von dort aus auf
einem kürzeren Weg zu den Lippe-Lagern gelangen könnte.
Das dürfte auch schlüssig sein, denn das zentrale Heiligtum
der Istvaeonen, also dem Heiligtum mehrerer voneinander
entfernt siedelnder Stämme, dürfte nicht nur auf einem direkten Zugangsweg vom Gebiet der Cherusker aus zu erreichen
gewesen sein. Es dürften sicherlich mehrere direkte Wege von
den anderen Stammesgebieten der Istvaeonen dorthin geführt
haben. Wahrscheinlich befand sich sogar das Zentralheiligtum gleichsam in einem neutralen, unbesiedelten, heiligen
Bereich im Grenzgebiet mehrerer Stämme. Dann musste es
auch vom Zentralheiligtum einen direkten passierbaren
Nebenweg zum Bereich der Lippe zu den dort siedelnden Istvaeonen gegeben haben. Es ist also davon auszugehen, dass
die Römer deshalb auch am zweiten Kampftag den einge-
schlagenen Marschweg fortsetzten, um vom Bereich des Kultplatzes aus zu den Lippe-Lagern durchzustoßen.

Nunmehr, nach dem Weitermarsch der Römer, konnte für
Arminius am zweiten Kampftag die zweite Phase seines
Kampfplanes in Angriff genommen werden, nämlich die Zer-
mürbungs- bzw. Marschkämpfe.

Da die Bewaffnung der germanischen Bauernkrieger auf
Zeit und ihr militärischer Ausbildungsstand bekanntlich bei
weitem denen der römischen Berufssoldaten unterlegen
waren, musste Arminius seine Taktik daraufhin anlegen, die
Verwundbarkeit eines langgezogenen Heereszuges von etlichen Kilometern Länge auszunutzen, zumal bei sehr misera-
blem Wetter und auch dadurch mit bedingt schlechten Wege-
verhältnissen. Es gelang dies auch dem Arminius nach dem
Prinzip der für den Gegner unvorhersehbaren, ständigen Ver-
lust bringenden, körperlich und seelisch zermürbenden
Nadelstiche. Dabei konnte er stets das Heft des Handelns in

den Händen behalten vor allem, da die römischen Truppen inzwischen wieder durch Wälder marschieren mussten. Dieser Kampftaktik des Arminius kam es außerdem entgegen, dass im „zermürbenden Defileegefecht auch der Einsatz dicht massierter Stoßkolonnen ohne nachhaltige Wirkung (blieb), wobei sich gerade die Vermischung von Reiterei und Legionsinfanterie als nachteilig erwies."[120]

Das weiterhin schlechte Wetter mit strömendem Dauerregen benachteiligte zusehends den Waffengebrauch durch die Römer, so wurden nach Cassius Dio (56, 21, 3) zum Beispiel die Lederbezüge der Schilde vom Dauerregen aufgeweicht und ermüdeten auf Grund ihres Gewichtes schneller die Arme der Soldaten. Hinzu kommt, dass die Militärstiefel der römischen Soldaten, die so genannten „caligae", durchbrochene stark genagelte Sandalen, bei dem Dauerregen und dem aufgeweichten, schweren Boden nicht allzu lange gehalten haben dürften, zumal die Ersatzstiefel beim großen Tross zurückgeblieben sein dürften. Ebenfalls dürften die Soldatenmäntel, die so genannten „saga", mit denen sich ansonsten die Legionäre vor schlechtem Wetter schützten, inzwischen vollgesogen eher eine Belastung gewesen sein als ein wirksamer Regen- und Kälteschutz.[121]

Aber auch der kombinierte Einsatz von römischer Reiterei und Legionseinheiten blieb wirkungslos bzw. musste unterbleiben, „denn wenn sie auf engem Raum dicht zusammenrückten, um in geschlossener Formation zugleich mit der Reiterei und schwer bewaffneten Legionssoldaten die Feinde anzugreifen, brachten sie sich im Gedränge vielfach gegenseitig zu Fall oder glitten auf den Baumwurzeln aus" (Cassius Dio 56, 21, 2). Die Reiterei unter dem Legaten Vala Numonius konnte daher den Kampf der Legionstruppen nicht unterstützen, sondern behinderte ihn nur massiv.

Varus bzw. sein Generalstab dürften daher dem Numonius, dem ruhigen und tüchtigen Führer der Reiterei, den Befehl gegeben haben, mit der Reiterei die feindlichen Reihen zu durchbrechen, um wohl Entsatz aus den Militärlagern zu holen, deren Schicksal dem Generalstab unbekannt geblieben sein dürfte. Hinzu kam noch, dass nach Zerstörung eines Großteils der Proviantkolonnen nach dem ersten Kampftag sich die Versorgungslage auch für die Reiterei dramatisch verschlechtert haben dürfte. Da der gesamte militärische Führungsstab die spätere Entscheidungsschlacht nicht überlebte, konnten einfache Legionäre, die die Schlacht überlebten, in Unkenntnis dieser Umstände den Durchbruch der Reiterei durch die feindlichen germanischen Reihen aus ihrer Sicht als Desertation auffassen. Dies wurde später so von Velleius Parterculus, der selbst unter Tiberius als Reiterpräfekt in Germanien eingesetzt war (Velleius Paterculus 2, 104, 3), wohl aus persönlicher Betroffenheit eines Reiterführers unbesehen in seine Darstellung über die Varusschlacht mit aufgenommen (2, 119, 4).

Nach dem geglückten Durchbruch ist die Reiterei des Numonius dennoch von germanischen Verbänden aufgerieben worden, möglicherweise eine große Wegstrecke vom Schlachtfeld entfernt. Da auch die eigene germanische Reiterei nach Erreichen der Waldgebiete die eigenen Verbände ebenfalls witterungsbedingt nicht mehr erfolgreich unterstützen konnte, spricht vieles dafür, dass Arminius sie mit der Verfolgung und Vernichtung der römischen Reiterei beauftragte.

Obwohl die römischen Truppen inzwischen durch die verlustreichen ständigen Attacken der germanischen Krieger erheblich dezimiert waren, konnten sie dennoch am Ende des zweiten Kampftages noch ein Marschlager errichten. Das war zwar sicherlich kleiner und unzulänglicher als das erste

Marschlager, es war aber immerhin noch von einem Wall und flachen Graben umgeben. Das ergibt sich aus dem Bericht des Tacitus (Ann. I, 61, 2) vom Besuch des Schlachtfeldes durch Germanicus 15 n. Ch., wenn auch der Wall inzwischen nach sechs Jahren halb eingestürzt war.

Am Ende des zweiten Kampftages hatten die germanischen Zermürbungsangriffe den Römern nicht nur schwere Verluste beigebracht, sondern es wird sich auch ihr körperlicher und seelischer Zustand dramatisch verschlechtert haben, wozu auch das Verlassen der römischen Reiterei beigetragen haben dürfte. Dieses Verlassen des Kriegsschauplatzes durch die römische Reiterei kam der dritten Phase der Angriffsplanung des Arminius sehr entgegen.

Inzwischen dürfte am dritten Kampftag das zentrale Heiligtum nicht mehr weit entfernt gewesen sein, und Arminius konnte wohl über immer mehr einsatzfähige Krieger von allen Stämmen der Istvaeonen verfügen. Zudem dürften zwischenzeitlich auch die von Arminius sehnlichst erwarteten germanischen Auxiliareinheiten eingetroffen sein. Arminius konnte also nunmehr ohne Widerstand durch römische Reiterei darangehen, den Einkesselungsring um die verbliebenen römischen Resteinheiten vorzubereiten.

Im Verlauf dieses dritten Kampftages, Cassius Dio spricht von einem vierten Marschtag (56, 21, 3), dürfte die Einkesselung der Römer im Bereich des Opferwaldes beim Zentralheiligtum wie geplant abgeschlossen worden sein, da Arminius nunmehr über genügend Krieger verfügte. Die religiös fanatisierten Krieger des Kultverbandes der Istvaeonen konnten dort die Störung des Gottesfrieden durch die Römer an ihrem höchsten Kultfest ahnden, verbunden mit der Vernichtung dreier römischer Elitelegionen.

XII. Kriterien für die Örtlichkeit der Varus-schlacht

Vor allem aus der Beschreibung des Schlachtfeldes bei Tacitus wollen seit Generationen zahllose Heimat-forscher, aber auch Wissenschaftler, genügend Anhaltspunk-te für eine von ihnen vermutete konkrete Lokalisierung der Varusschlacht gefunden haben.[122] Doch Lehmann weist zu Recht darauf hin, dass es methodisch erforderlich sei, die Auswertung der antiken Schriftquellen zum Verlauf der Varusschlacht möglichst wenig mit dem Problem ihrer Loka-lisierung zu belasten.[123]

Der Bericht des Tacitus mit topographischen Angaben des Marschweges und über das anschließende Aufsuchen des Varusschlachtfeldes durch Germanicus im Jahre 15 n. Chr. lässt wenige allgemeine Anhaltspunkte für eine ungefähre Lokalisierung zu. „Das mehrtägige Marschgefecht" – so Lehmann – „ist jedenfalls westlich der mittleren Weser anzu-setzen, genauer gesagt am Westrand des Cheruskergebietes im wenig oder gar nicht besiedelten Grenzbereich zu den Brukterern hin, und zwar in einer gewissen Nähe zum Ober-lauf und Quellgebiet von Ems und Lippe. Jedenfalls sind in der Phase der Germanicus-Feldzüge von 15 u. 16 n. Chr. die Kampfstätten im Teutoburgiensis saltus offensichtlich als primär von der ausgebauten Lippe-Linie aus erreichbar ange-sehen worden."[124]

So schlüssig dies auch ist, so bewegt die Forschung in die-sem Zusammenhang das Problem der Reihenfolge der Varus-marschlager während des Schlachtenverlaufes. Ausgehend von einem Sommerlager an der Weser will Varus zurück zum Winterlager an den Niederrhein, lediglich verbunden mit einem Abstecher über Nebenwege zum Kultfest der Istvaeonen, dem späteren Schlachtort, der gemäß der Tacitus-Beschreibung von der Lippe aus als erreichbar angesehen wird. Der letzte Schlachtort wird demnach am nächsten zur Lippe-Linie hin gelegen sein.

[Es dürfte nur folgerichtig sein, dass Germanicus mit seinen Legionen auf dem direkten Weg von seinem derzeitigen Standort im Gebiet der oberen Ems und Lippe (haud procul Teutoburgiensi saltu) aus zum Zentralheiligtum der Istvaeonen marschieren würde, in dessen Nähe am Opferwald die letzten Reste der Varuslegionen ihren Untergang fanden. Dann hätte Germanicus auch zuerst auf das Schlachtfeld vom letzten Kampftag stoßen müssen, um erst danach beim Weitermarsch vom Kultplatz aus auf den Weg Richtung Weser zu gelangen, wo sich das Lager vom zweiten Kampftag und schließlich das Drei-Legionen-Marschlager vom ersten Kampftag befanden.

Doch Germanicus marschiert mit seinen Truppen nicht auf diesem Weg in Richtung Kultplatz und danach zur Weser, sondern er folgt dem Nebenweg, der vom Hauptweg der Weser-Lippe-Linie abzweigt, in derselben Richtung wie 9 n. Chr. auch die Varus-Legionen marschierten. Somit musste Germanicus auch zuerst auf das Drei-Legionen-Lager stoßen, um dann das schon zusammengefallene kleinere Marschlager zu erreichen, eher er schließlich zum letzten Schlachtfeld am Opferwald kam (Tacitus, Ann. I, 61, 2, 3).

Es ist somit nach den Motiven zu fragen, die Germanicus dazu bewogen, diesen Umweg zum Schlachtfeld zu machen. Der eigentliche Grund, überhaupt zum Schlachtfeld zu marschieren, lag darin, dass dort noch nach sechs Jahren die Überreste, die Gebeine des Varus und seiner Legionen, unbestattet auf der Walstatt liegen sollten (Tacitus, Ann. I, 60, 3). Tacitus (Ann. I. 61, 1) beschreibt das

wie folgt: „Daher ergriff Caesar [Germanicus] der
Wunsch, den Soldaten und dem Führer die letzte Ehrung
zu erweisen; das gesamte anwesende Heer befiel eine
elende Stimmung wegen der Verwandten, Freunde,
schließlich der Wechselfälle der Kriege und des Schicksals
der Menschen."

Die Tatsache, dass die Gebeine der Gefallenen so lange
unbestattet blieben, verpflichtete das Heer aus religiösen
Gründen, sie endlich zu bestatten. Die Manen, die Toten-
geister der gefallenen Römer, konnten nur durch die
Bestattung der sterblichen Überreste der Soldaten ver-
söhnt werden, um nicht durch Vernachlässigung des
Totenkultes ihren Zorn zu erregen (Horn, H.G.: Das
Leben im römischen Rheinland, in: Horn (Hg.), wie Anm.
15, S. 271). Das Bestatten der Gebeine der gefallenen
Römer war somit der Grund für Germanicus und seine
Legionen das Schlachtfeld der Varusniederlage aufzusu-
chen.

Germanicus wusste von Überlebenden der Schlacht, dass
nicht nur am letzten Kampftag die Römer gefallen waren,
sondern sehr viele auch am zweiten Kampftag während
der Marschgefechte, aber auch schon am ersten Kampf-
tag. Wer möglichst alle Toten bestatten wollte, um die
Manen zu versöhnen, der musste auch für die Bestattung
der während der Marschgefechte Gefallenen sorgen. Es
dürften die Gebeine nicht einzeln bestattet worden sein,
sondern, nachdem sie zusammengetragen wurden,
gemeinsam in einem eindrucksvollen Grabhügel im Rah-
men einer religiösen Zeremonie (Tacitus, Ann. I, 62, 1).
Um dieses gemeinsame Bestatten zu ermöglichen, mussten
Germanicus und sein Heer in der gleichen Reihenfolge
wie das Heer des Varus marschieren und unterwegs die
Gebeine, soweit sie noch auffindbar waren, mit zum

Schlachtfeld am Kultplatz nehmen, um sie dann, wie gesagt, im großen Grabhügel beizusetzen. Tacitus, der bekanntlich in sehr komprimierter Form seine Schriften verfasste, die auf umfassender Vertrautheit mit den zeitgenössischen Quellen und Originaldokumenten fußten (Lehmann, wie Anm. 4., S. 141), schreibt auch in der Mehrzahl von „traurigen Stätten", die Germanicus und sein Heer betraten (Ann. I, 61, 1). Dass möglichst alle Gefallenen bestattet wurden, erschließt sich aus einer anderen Textstelle des Tacitus (Ann. I, 62, 1): „So bestattete das anwesende römische Heer sechs Jahre nach der Katastrophe traurig und erbittert zugleich die Gebeine der drei Legionen". Es war Tacitus bekannt, dass auf dem letzten Schlachtfeld nur die Reste des Drei-Legionen-Heeres gefallen waren, zu den „Gebeinen der drei Legionen" gehörten demnach auch die Gebeine der „unterwegs" Gefallenen.

Ein anderer Grund, wenn auch wohl nachrangig, war die Gelegenheit, möglichst lange den Hauptweg nutzen zu können. Wie oben dargelegt, führten vom Gebiet der oberen Lippe alte Heer- und Handelsstraßen zur Oberweser, und zwar zu den Weserübergängen im Raum Höxter bzw. Hameln und Minden. Diese gut ausgebauten Verkehrswege waren auch die Hauptmarschwege der Römer für ihre großen Streitkräfte und Versorgungskolonnen soweit nicht die Weser als Transportweg genutzt wurde, zumal dort etappenweise Marschlager zum Übernachten gewesen sein dürften. Germanicus befand sich 15 n. Ch. mit einer gewaltigen Heeresmacht von vier Legionen, vierzig römischen Kohorten, einer großen Reiterei und germanischen Auxiliareinheiten im oberen Ems-Lippe-Gebiet (Tacitus, Ann. I, 60, 1).

Es entspricht der militärischen und logistischen Vernunft,

*den ausgebauten Hauptverkehrsweg so lange auf dem
Marsch zu den bekannten Schlachtorten zu benutzen, wie
es nur irgend ging, selbst auf die Gefahr eines nicht so
großen Umweges hin. Das Problem für eine so große
Streitmacht war die „Zwischenetappe" zwischen Abbie-
gung von der Hauptstrecke zu den Schlachtorten hin. Um
diese Nebenstrecke für die Germanicus-Streitmacht gut
passierbar zu machen, soll Germanicus nach Tacitus
(Ann. I, 61, 1) den bewährten Caecina vorausgeschickt
haben, „um die verborgenen Waldschluchten zu erforschen und Brücken und Dämme über die feuchten Sümpfe
und trügerischen Ebenen anzulegen". Doch mit überzeugenden Argumenten aus militärischer Sicht und Erfahrung
belegt Norkus (wie Anm. 32, S. 13), dass Instandsetzun-
gen von Straßen, Bau von Brücken und Dämmen nur hin-
ter der marschierenden Armee stattfinden. Kleinere Hin-
dernisse wie umgestürzte Bäume konnten jedoch von den
Pioniereinheiten Caecinas schnell beseitigt werden, und
zwar im Rahmen von gewöhnlichen militärischen Vorhut-
aufgaben. Erst nach erfolgreichem Abschluss dieser Vor-
hutoperationen durch Caecina machte sich Germanicus
mit seinem Heer auf den Weg zu dem Schlachtort auf, um
dort und auf dem Wege dahin die Gebeine der gefallenen
Römer zu bergen, um sie am Opferwald in einem großen
Grabhügel zu bestatten.]*

Diese Aussage steht damit im Gegensatz zu wissenschaft-
lichen Auffassungen, die in Kalkriese den Ort der Varusschlacht sehen.[125] Auf Grund von numismatischen Untersuchungen der in Kalkriese gefundenen römischen Münzen
wird zumindest von Wolters und Kehne[126] Kalkriese jedoch
als Ort der Varusschlacht mit gewichtigen Gründen in Frage
gestellt. Danach dürfte dort 15 n. Chr. die Schlacht zwischen
Caecina und Arminius geschlagen worden sein.

Die Schriftquellen berichten, dass an den späteren Germa-nen-Feldzügen des Tiberius und des Germanicus im Gebiet der Istvaeonen, die bis 16 n. Chr. geführt wurden, zeitweise mehr als acht Legionen (Tacitus, Anm. II, 16,3) mit zahlrei-chen Hilfstruppen und Reitereinheiten teilnahmen.

Auffallend ist es nun, dass es von diesen Feldzügen bis-lang so wenige archäologisch eindeutig gesicherte Funde und Befunde geben soll.[127] Es ist ausgeschlossen, dass es für diese Zeitspanne keinerlei archäologische Hinterlassenschaf-ten geben sollte. Bei möglichen archäologischen Entdeckun-gen römischer Funde aus dieser Zeit wird daher die Fachwis-senschaft gefordert sein, diese Funde ganz konkreten Jahren zuzuordnen.

Die wenigen überlieferten, allgemeinen geographischen Anhaltspunkte erscheinen vielen „Varusschlachtforschern" als zu vage und zu unbefriedigend. Daher wird die Suche nach der Örtlichkeit der Varusschlacht immer wieder mit dem gut gemeinten Rat begleitet, doch verstärkt im Boden nach großen Ansammlungen von römischen Militaria zu suchen. Ein Schlachtort mit über Tausenden von gefallenen Soldaten müsste auch heute noch genügend archäologische Funde aufweisen können, soweit er nicht zwischenzeitlich längst zerstört bzw. überbaut wurde. Doch die archäologi-sche Denkmalpflege ist gut beraten, beim potentiellen Schlachtort nur wenige Funde zu erwarten.

Außer Gerippen, Leder-, Holz- und wenigen Metallresten sowie verloren gegangenen Münzen dürfte nach der Schlacht nichts zurückgeblieben sein. Dies ist bereits der Beschrei-bung des Schlachtfeldes durch Tacitus (Ann. I, 61,2-3) zu entnehmen: „Auf der Ebene dazwischen lagen die bleichen-den Gebeine, zerstreut oder haufenweise, ... Daneben lagen Bruchstücke von Geschossen und Pferdegerippen ...". Nur sechs Jahre nach der Varusschlacht fand demnach Germanicus nur noch Gerippe und Bruchstücke von Geschossen. Von Rüstungen oder Waffen ist nicht die Rede. Dies ist auch nahe liegend, da Eisengegenstände für die Germanen einen ausgesprochen hohen Wert besaßen. Für die bäuerlichen germanischen Stammesgesellschaften war es mit hohem mühsamen Arbeitsaufwand verbunden, vorwiegend aus Raseneisenerz genügend Eisen für den notwendigsten Bedarf für Waffen und sonstiges Gerät zu gewinnen.[128] Um 1 kg Eisen zu gewinnen, wurden nach Schlette[129] 10 kg Erz und 130 kg getrocknetes Holz benötigt. Die kleinen Öfen lieferten etwa 3 kg Eisen. Der Aufwand, Eisen zu gewinnen, war so groß, dass unbrauchbar gewordene Gerätschaften immer wieder neu verschmiedet wurden, wie das metallurgische Analysen beweisen.[130]

Es ist davon auszugehen, dass jedes auffindbare, umschmiedbare oder nutzbare Metallstück, das den toten oder lebenden Gegnern abzunehmen war, von den Germanen auf dem Schlachtfeld nicht nutzlos zurückgelassen wurde.[131] Gewisse eroberte Waffenkontingente werden sicherlich auch an heiligen Stätten der Gottheit geweiht worden sein. Das schließt jedoch nicht aus, dass Metallobjekte, die an Ort und Stelle in Schlamm, Laub oder Gewässer gerieten, von den Germanen nicht gefunden wurden und sich möglicherweise noch heute im Schlachtfeldbereich befinden.

Abgesehen von solch verloren gegangenen Objekten ist es allerdings nicht überraschend, dass z.B. auf dem genau zu lokalisierenden Schlachtfeld im antiken Gelduba (Krefeld-Gellep), wo die Römer während des Bataveraufstandes (69 n. Chr.) eine Schlacht verloren, dass trotz fachkundiger Ausgrabung relativ wenig militärische Funde ergraben werden konnten.[132] Die Suche nach dem Varusschlachtfeld sollte daher nicht mit der falschen Erwartung auf viele römische Funde vorbelastet werden. Zu Recht weist Kehne darauf hin, dass die Schlachtfeldarchäologie auch noch am Anfang der Entwicklung ihrer Methodik stehe.[133] Selbst eine Häufung von Einzelfunden würde nicht schlüssig Auskunft über die Anzahl der Beteiligten geben.

Wenn von der Schlachtfeldarchäologie möglicherweise wenig Konkretes zur Varusschlacht, erwartet werden kann, so sind eventuell archäologische Befunde aus dem Bereich des Kultzentrums zu erwarten. Einen entscheidenden Anhaltspunkt könnten nach Lehmann[134] unter Hinweis auf Tackenberg „auch die von Germanicus Caesar in der Nähe der Kampfstätte besichtigten scrobes-Opferschächte (...) als identifizierbares Bodendenkmal liefern."

[Weitere archäologische Befunde könnten heutzutage noch eventuell nachweisbare Spuren bzw. Reste von zeltähnlichen Schlafunterkünften der Gläubigen betreffen. Es dürfte unstrittig sein, dass die Abertausende von Germanen, die wahrscheinlich nach Stämmen und Sippen getrennt am Kultfest teilnahmen, auch auf der Ebene am Opferwald lagerten. Analog zu den Kultfesten in Uppsala dürfte die Dauer des Kultfestes der Istvaeonen vermutlich insgesamt neun Tage betragen haben.

Für eine solch lange Festdauer müssen auch notwendige Voraussetzungen erfüllt worden sein, um einen geordneten Ablauf zu gewähren. Dazu dürften die mit viel Feuerungsholz zu unterhaltenden Feuerstellen gezählt haben, um Wärme zu spenden und um die Nahrung zubereiten zu können. Zum Übernachten werden sich die Gläubigen nicht einfach bei Wind und Wetter auf zertretene, schlammige Wiesen gelegt haben, sondern dafür wohl zeltähnliche Unterkünfte mit möglicherweise in den Untergrund eingelassenen Vertiefungen errichtet haben. Der Standard und die Größe solcher Schlafunterkünfte dürfte dabei vom jeweiligen sozialen Stand der Nutzer abhängig gewesen sein. Es ist daher durchaus möglich, heutzutage noch archäologisch nachweisbare Reste bzw. Spuren solcher Schlafunterkünfte zu finden.

Außerdem wird es bei der Masse von Gläubigen und der Länge des Kultfestes auch eine sehr große Anzahl von Latrinen gegeben haben, um die in großen Mengen anfallenden täglichen Fäkalien aufnehmen zu können. Aus Hygiene-, Geruchs- und Platzgründen dürften diese Latrinen sehr tief ausgehobene Erdgruben gewesen sein. Mit dem Vorhandensein solcher Latrinengruben könnte möglicherweise auch eine im Bericht des Tacitus (Ann. I, 62, 4) nicht zu entschlüsselnde Stelle, wonach im Bereich des Schlachtfeldes Gruben den Gefangenen zum Hohn gedient hätten, eine überzeugende Erklärung finden. Die siegestrunkenen Germanen hätten dann gefangene römische Soldaten in diese Latrinengruben gesteckt bzw. geworfen. Es kann keine größere Verhöhnung für sieggewohnte selbstsichere römische Elitesoldaten geben, als der Aufenthalt in solchen Gruben. Unabhängig von diesem Deutungsvorschlag für die bislang unverständliche Tacitus-Stelle müssten sich solch tiefen Latrinengruben heute noch archäologisch nachweisen lassen. Folgt man dieser Deutung, so wird es im weiten Bereich des Kultplatzes zwei Arten von Gruben gegeben haben, einmal die zu den Altären gehörenden Opfergruben in den benachbarten Hainen, und andererseits die o. g. Latrinengruben im Bereich des „Biwak"-Geländes der Gläubigen.
Ebenfalls könnten noch Reste oder Bodenverfärbungen vom „Tribunal" entdeckt werden, wenn es sich dabei wie in Uppsala um einen großen so genannten Thinghügel gehandelt haben sollte.]

Es müssten sich auch möglicherweise noch Spuren von

zwischenzeitlich längst versiegten Quellen oder Bachläufen nachweisen lassen, denn die Quellen hatten nicht nur sakrale Bedeutung, sondern dienten auch zur Trinkwasserversorgung Tausender von Gläubigen. Eventuell könnten auch noch Spuren oder Reste bzw. Bodenabdrücke von den zitierten Altären nachgewiesen werden. Doch dies alles ist sehr fraglich.

Wenn örtliche Annäherungen an die Varusschlacht noch möglich sein sollten, dann nur, wenn interdisziplinär kooperiert wird, um auf neue Fragen gemeinsam Antworten zu finden. So müssen die Bereiche Archäologie, Althistorie, Sprachwissenschaft, Numismatik, Geographie mit Geologie, Klimatologie, Hydrologie und Paläobotanik eng zusammenarbeiten, um vielleicht doch noch den Mythos um die Örtlichkeit der Varusschlacht zu lüften.

Anmerkungen

[1] Wichtig und forschungsanregend sind die beiden Beiträge von G.A. LEHMANN: Zum Zeitalter der römischen Okkupation Germaniens, neue Interpretationen und Quellenfunde, in: Boreas 12 (1989), S. 207-230, und Zur historisch-literarischen Überlieferung der Varus-Katastrophe 9 n. Chr., in: Boreas 13 (1990), S. 143-167. Im Folgenden zitiert: LEHMANN: Boreas 12 bzw. 13

[2] SCHLÜTER, W. (Hg.): Kalkriese – Römer im Osnabrücker Land, Bramsche 1993

[3] Hierzu u. a. GOETZ, H.W./ WELWEI K.W. (Hg.): Altes Germanien, I. Teil, Darmstadt 1995, S. 11-15

[4] LEHMANN: Boreas 13, S. 147; LEHMANN, G.A.: Das Ende der römischen Herrschaft, in: WIEGELS, R. u. WOESLER, W. (Hg): Arminius und die Varusschlacht, Paderborn 1995, S. 139

[5] Im Folgenden werden alle Schriftquellen zitiert in der Übersetzung von GOETZ/WELWEI (Hg.): Altes Germanien, I. und II. Teil (wie Anm. 3)

[6] LEHMANN: Boreas 13, S. 151

[7] Siehe die umfassende, wenn auch ältere Darstellung von W. JOHN: P. Quinctilius Varus, in: RE XXIV I, Stuttgart 1963, Sp. 907-984; hier: JOHN 1963, Sp. 919 u. 920. Im Folgenden zitiert: JOHN 1963

[8] BECKER, A., KÖHLER, H.J., RASBACH, G.: Der römische Stützpunkt von Waldgirmes. Archäologische Denkmäler in Hessen 148, Wiesbaden 1999; BECKER, A., RASBACH, G.: Die spätaugusteische Stadtgründung in Lahnau-Waldgirmes, in: Germania 81, Mainz 2003, 1. Halbbd., S. 147 ff.

[9] v. SCHNURBEIN, S.: Die Zeit um Christi Geburt, in: Archäologie in Deutschland, Heft1/2000, S. 27 ff.; dazu auch v. SCHNURBEIN, S.: Von Drusus bis Varus, in: Archäologie in Deutschland, Heft 5/2004, S. 40-43

[10] TACITUS: Germania 9 ff; DEROLEZ, R. L. M.: Götter und Mythen der Germanen, Wiesbaden 1963, S. 81 u. 234; HACHMANN, R.: Die Germanen (Archäologia Mundi), München 1978, S. 122

[11] GOLTHER, W.: Handbuch der germanischen Mythologie, Nachdruck der Ausgabe von 1908, Stuttgart o. J., S. 545

[12] Siehe u. a. LEHMANN: Boreas 12, S. 224 ff., Boreas 13, S. 148; POLENZ, H.: Römer und Germanen in Westfalen, Münster 1985, S. 39; GLÜSING, P.: Die Germanen im Spannungsfeld der römischen Okkupation, in: TRIER, B. (Hg): 2000 Jahre Römer in Westfalen, Mainz 1989, S. 79

[13] LEHMANN: Boreas 13, S. 148

[14] JOHN 1963, Sp. 960

[15] GECHTER, M.: Das römische Heer in der Provinz Niedergermanien, in: HORN, H.G. (Hg): Die Römer in Nordrhein-Westfalen, Stuttgart 1987, S. 111

[16] Siehe u. a. WIEGELS, R.: Rom und Germanien in augusteischer und frühtiberischer Zeit, in: SCHLÜTER (Hg.) (wie Anm. 2), S. 246 f.

[17] GOLTHER (wie Anm. 11), S. 613

[18] JOHN 1963, Sp. 912-918

[19] WIEGELS (wie Anm. 16), S. 246 f.; JOHN 1963, Sp. 920; KUNOW, J: Die Militärgeschichte Niedergermaniens, in: HORN (Hg.) (wie Anm. 15), S. 46

[20] Verwiesen sei hier auf die aktuellen Literaturhinweise bei MÜLLER-WILLE, M: Opferkulte der Germanen und Slawen, Stuttgart 1999, S. 94 ff.; MAIER, B.: Die Religionen der Germanen, München 2003, S. 185 ff; SIMEK, R.: Religion und Mythologie der Germanen, Darmstadt 2003, S. 307 ff.

[21] SCHLETTE, F.: Germanen, Leipzig, Jena, Berlin 1980, S. 19

[22] JOHN (1963, Sp. 946) weist darauf hin, dass Arminius, der bereits in verhältnismäßig jungen Jahren nicht bloß das römische Bürgerrecht, sondern auch den "gradus equester" erreicht hatte, bei der bekanntlich entsprechenden Zurückhaltung Augustus solchen Ehrungen gegenüber, langjährige und das gewohnte Maß weit überschreitende Verdienste erworben haben muss. KUNOW, J.: Die Militärgeschichte Niedergermaniens, in: HORN (Hg.) (wie Anm. 15), S. 46

[23] GECHTER (wie Anm. 15), S. 113. Einen Hinweis auf das reiterische Talent des Arminius gibt uns Tacitus in seinem Bericht über die Idistavisoschlacht 16 n. Chr. (Ann. II 18,5), wonach es Arminius nur durch seinen Mut und seine reiterischen Fähigkeiten gelang, die feindlichen Reihen zu durchbrechen.

[24] JOHN 1963, Sp. 920

[25] LEHMANN: Boreas 12, S. 225

[26] GLÜSING (wie Anm. 12), S. 74

[27] JOHN 1963, Sp. 952; TAUSEND, K.: Wohin wollte Varus?, in: Klio 79, 1997, S. 377 f.

[28] LEHMANN: Boreas 13, S. 147

[29] U. a. WECZERKA, H: Verkehrsgeschichtliche Grundlagen des Weserraumes, in: Kunst und Kultur im Weserraum 800 – 1600, Münster 1966, S. 192 ff; DITT, H.: Naturräume und Kulturlandschaften Westfalens, in: Der Raum Westfalen, Bd. VI (II. Teil), Münster 1996, S.

65 u.117

[30] FINLEY, M. J.: Die antike Wirtschaft, München 1977, S. 152; TIMPE, D.: Geographische Faktoren und politische Entscheidungen in der Geschichte der Varuszeit, in: WIEGELS/WOESLER, W. (Hg.) (wie Anm. 4), S. 20; DELBRÜCK, H.: Geschichte der Kriegskunst: Die Germanen, Hamburg 2003, S. 83

[31] FINLEY (wie Anm. 30), S. 150

[32] GECHTER (wie Anm. 15), S. 128 f; vgl. KÜHLBORN, J. S.: Zur Geschichte des Lagers Oberaden, in: Bodenaltertümer Westfalens, Bd. 27, Münster 1992, S. 126 (mit ausführlicher Literatur); NORKUS, J.: Die Feldzüge der Römer in Nordwestdeutschland in den Jahren 9 – 16 n. Chr. von einem Soldaten gesehen, Hildesheim 1963, S. 11

[33] POLENZ (wie Anm. 12), S. 81

[34] HORN (Hg.) (wie Anm. 15), S. 188; NORKUS (wie Anm. 32), S. 35, bezieht die fünf Zentner nur auf die Zuglast für ein Pferd; er berechnet für ein zweispänniges Fahrzeug demnach eine Ladung von zehn Zentnern. Das wäre die gleiche Belastung wie für einen zweispännigen Lebensmittelwagen nach der preußischen Felddienstordnung von 1908

[35] BREMER, E.: Die Nutzung des Wasserweges zur Versorgung der römischen Militärlager an der Lippe, in: Siedlung und Landschaft in Westfalen, Bd. 31, hg.v.d. Geographischen Kommission für Westfalen, Münster 2001, S. 1 – 111 (zugleich: Veröffentlichungen der Altertumskommission für Westfalen, Bd. 12). Nach dem spätantiken Codex Theodosianus hatte der Carrus eine Ladekapazität von 198 kg (BREMER, ebd., S. 15)

[36] STUPPERICH, R.: Römische Toreutik und augusteische Feldzüge in Germanien, in: WIEGELS/WOESLER (Hg.) (wie Anm. 4), S. 103

[37] TIMPE, D.: Geographische Faktoren und politische Entscheidungen, in: WIEGELS/WOESLER (Hg.) (wie Anm. 4), S. 20 ff.

[38] DITT (wie Anm. 29), S. 25; MÜLLER-TEMME, E.: Niederschläge in raum-zeitlicher Verteilung, in: Geographisch-landeskundlicher Atlas von Westfalen (Lieferung 2, Doppelblatt 2), hg. von der Geographischen Kommission für Westfalen, Münster 1986

[39] NORKUS (wie Anm. 32), S. 39, geht davon aus, dass sich im Bereich des Sommerlagers über 7000 Last-, Zug- und Reittiere aufhielten. In der deutschen Heeresvorschrift Feld-Pionierdienst aller Waffen (Entwurf vom 12.12.1911), D.V.E. Nr. 275, Berlin, S. 205, wird der tägliche Trinkwasserbedarf pro Mann zum Trinken und Kochen mit etwa 4 l und pro Pferd mit etwa 30 l angegeben.

[40] JOHN 1963, Sp. 952; NORKUS (wie Anm. 32), S. 50, spricht sich für Hameln aus

[41] Topographischer Atlas Niedersachsen und Bremen, hg. vom Niedersächsischen Landesverwaltungsamt, Neumünster 1977, S. 204

[42] WECZERKA (wie Anm. 29), S. 198 u. 787; Die Landschaften Niedersachsens, ein topographischer Atlas, hg. vom Niedersächsischen Landesvermessungsamt, Neumünster 1970, Nr. 125

[43] LEHMANN: Boreas 12, S. 222

[44] BERENGER, D.: Ein möglicher Wachtposten in augusteischer Zeit in Bielefeld auf der Sparrenberger Egge, in: KÜHLBORN, J. S. (Hg.): Germaniam pacavi, Münster 1995, S. 170 ff.

[45] HILGERS, W.: Deutsche Frühzeit, Frankfurt, Berlin 1976, S. 44; POLENZ (wie Anm. 12), S. 47

[46] LEHMANN, G. A.: Die Varus-Katastrophe aus der Sicht des Historikers, in: TRIER (Hg.) (wie Anm. 12), S. 92

[47] LEHMANN: Boreas 13, S. 154

[48] LEHMANN: Boreas 13, S. 148

[49] Nach TACITUS (Ann. I, 71,1) ist Segimer ein Bruder des Segestes

[50] DEMANDT, A: Arminius und die frühgermanische Staatenbildung, in: WIEGELS/WOESLER (Hg.) (wie Anm. 4), S. 191

[51] LEHMANN: Boreas 13, S. 153

[52] SCHLETTE (wie Anm. 21), S. 32; BOSE, K.: Stadt, Gesellschaft, Wirtschaft im deutschen Mittelalter, in: GEBHARDT, Br. (Hg.): Handbuch der deutschen Geschichte, Bd. 7, München 1973, S. 27

[53] TACITUS, Ann. I, 59, 4,5

[54] JOHN 1963, Sp. 947

[55] U.a.: GOETZ/WELWEI (Hg.) (wie Anm. 3), S. 8; V. USLAR, R.: Die Germanen, Stuttgart 1980, S. 39 f.; TODD, M.: Die Germanen, Darmstadt 2000, S. 33; BOSE (wie Anm. 52), S. 25 f.

[56] POLENZ (wie Anm. 12), S. 67 f.; HACHMANN (wie Anm. 10), S. 111 f. u. 115

[57] BERENGER, D.: Zur Chronologie der vorrömischen Eisenzeit und römischen Kaiserzeit in Nordost-Westfalen, Mainz 2000, S. 215

[58] Zum Namen Germanen siehe FLACH, D.: Der taciteische Zugang zu der Welt der Germanen, in: WIEGELS/WOESLER (Hg.) (wie Anm. 4), S.147 u. 162 f.

[59] GOLTHER (wie Anm. 11), S. 546; GRAPPIN, P.: Die Mythologie der Germanen, in: GRIMAL, P. (Hg.): Mythen der Völker, Bd. III, Frankfurt 1967, S. 45

[60] BEHN, F.: Römertum und Völkerwanderung, Stuttgart o.J., S. 48

[61] GOLTHER (wie Anm. 11), S. 587

[62] DEROLEZ (wie Anm. 10), S. 227; GOLTHER (wie Anm. 11), S. 587 u. 589; SIEMEK (wie Anm. 20), S. 82; MAIER (wie Anm. 20), S. 139; GRIMM, J.: Deutsche Rechtsalterthümer, Bd. 1 (4. Ausgabe), Leipzig 1899, S. 297

[63] GOLTHER (wie Anm. 11), S. 587 u. 589

[64] MÜLLER-WILLE (wie Anm. 20), S. 74; SIMEK (wie Anm. 20), S. 80 f.

[65] KÖNIG, M.: Am Anfang der Kultur, Frankfurt, Berlin, Wien 1981, S. 264 u. 302

[66] V. RANKE-GRAVES, R.: Griechische Mythologie, Bd. I, Reinbeck 1961, S. 52

[67] V. RANKE-GRAVES (wie Anm. 66), S. 282

[68] V. RANKE-GRAVES (wie Anm. 66), S. 280

[69] V. RANKE-GRAVES (wie Anm. 66), S. 76; ELIADE, M.: Geschichte der religiösen Ideen, Bd. 1, Darmstadt 2002, S. 246

[70] DUERR, H. P.: Sedna oder die Liebe zum Leben, Frankfurt 1985, S. 159

[71] GOLTHER (wie Anm. 11), S. 580; GRAICHEN, G.: Das Kultplatzbuch, München 1991, S. 113

[72] DEROLEZ (wie Anm. 10), S. 241; MAIER (wie Anm. 20), S. 83

[73] DEROLEZ (wie Anm. 10), S. 245; GRIMM, J.: Deutsche Mythologie, Bd. 1 (Nachdruck der 4. Aufl. Berlin 1875 – 78), Wiesbaden o.J., S. 56 u. 58; GOLTHER (wie Anm. 11), S. 592

[74] HERZ, P.: Untersuchungen zum Festkalender der römischen Kaiserzeit nach datierten Weih- und Ehreninschriften, Mainz 1975, 6 ff.; ALFÖLDI, A.: Römische Kaiserzeit, in: VALJAVEC, F. (Hg.): Römisches Weltreich u. Christentum, Bd. 4, Bern 1956, S. 205

[75] LEHMANN: Boreas 13, S. 157

[76] DEROLEZ (wie Anm. 10), S. 241

[77] So die Berechnungen des Leiters des Planetariums des Westf. Museums für Naturkunde, Herrn Dr. Peterseim, auf der Grundlage von H. ZEMANEK: Kalender u. Chronologie, München 1987; Astronom. Computerprogramm Voyager II, © Carina Software San Leandro California 1992

[78] LEHMANN: Boreas 13, S. 150, Anm. 22; ebenso JOHN 1963, Sp. 956

[79] LEHMANN: Boreas 13, S. 150

[80] LEHMANN: Boreas 13, S. 150

[81] Siehe Hinweis auf einen möglichen Wachtposten in augusteischer Zeit auf der Sparrenberger Egge in Bielefeld (BERENGER, wie Anm. 44)

[81] LEHMANN: Boreas 13, S. 154, Anm. 35

[82] So der Ausgräber J.S. KÜHLBORN (wie Anm. 32), S. 139

[83] Zur "Pünktlichkeit" der Germanen siehe TACITUS: Germania 11,1

[84] GOLTHER (wie Anm. 11), S. 607; zur Verpflichtung, den heiligen Frieden zu wahren, siehe DEROLEZ (wie Anm. 10), S. 255

[85] TACITUS: Germania 11, 2

[86] Nach TACITUS (Germania 10,2) wurden die Priester von den Germanen für Mitwisser der Götter gehalten.

[87] HERODOT: Historien, Stuttgart 1963, S. 755, Anm. 25

[88] DEROLEZ (wie Anm. 10), S. 249; OXENSTIERNA, E.: Die Nordgermanen, Stuttgart o.J., S. 100

[89] GOLTHER (wie Anm. 11), S. 607; DEROLEZ (wie Anm. 10), S. 228

[90] Hierzu allgemein: GIANI, L.M.: Die Welt des Heiligen, München 1997, S. 107 ff.; LEHMANN, G.A.: Die Varuskatastrophe aus der Sicht des Historikers, in: TRIER (Hg.) (wie Anm. 12), S. 93

[91] LEHMANN: Boreas 13, S. 160

[92] DEROLEZ (wie Anm. 10), S. 103 f. u. 227

[93] GOLTHER (wie Anm. 11), S. 296; ELIADE (wie Anm. 69), Bd. 2, S. 144 (Wodan als Kriegs- u. Totengott)

[94] So hängten die Kimbern nach dem Sieg über die Römer bei Arausio (105 v. Chr.) u.a. ihrem Gott als Opfergabe römische Gefangene lebend an die Bäume in der Nähe des Schlachtfeldes (GOLTHER, wie Anm. 11, S. 553), da sie ihre alten heimischen Kultplätze in der Heimat zurücklassen mussten.

[95] GOLTHER (wie Anm. 11), S. 554

[96] GOETZ/WELWEI (Hg.) (wie Anm. 3), S. 84, Anm. 18

[97] v. PETRIKOVITS, H.: Arminius, in: Bonner Jahrbücher, 166, 1966, S. 178, nennt (belustigt) die Zahl von über 700 benannten Schlachtorten der Varusschlacht

[98] HOOPS, J.: Reallexikon der Germanischen Altertumskunde, Berlin, New York 1981, S. 118

[99] PFEIFER, W.: Etymologisches Wörterbuch des Deutschen, München 1999 (4. Aufl.), S. 218

[100] So KLUGE, F.: Etymologisches Wörterbuch der deutschen Sprache, Berlin 1960 (18. Aufl.), S. 129

[101] KLUGE (wie Anm. 100, 23. erw. Aufl. 1999), S. 145

[102] SCHLÜTER, W.: Die archäologischen Untersuchungen in der Kalkrieser-Niewedder Senke, in: SCHLÜTER (Hg.) (wie Anm. 2), S. 14. Nach KÜHLBORN (Die Zeit der römischen Angriffe, in: KOHL, W. (Hg): Westfälische Geschichte, Bd. 1, Düsseldorf 1983, S. 153) geht

die Übertragung des Namens „Teutoburgiensis saltus" auf den Osning letzten Endes auf Philipp Melanchthon zurück. Mit Osning wird eine schmale Sandsteinrippe innerhalb des Teutoburger Waldes (Lipper und Bielefelder Osning) bezeichnet, die dem Typ des Eggegebirges entspricht (HOFFMANN, M.: Naturräume und naturräumliche Grenzen im südöstlichen Westfalen, in: MAYR, A. u. TEMLITZ, K. (Hg.): Südost-Westfalen, Spieker – Landeskundliche Beiträge und Berichte, Bd. 35, Geographische Kommission für Westfalen, Münster 1991, S. 18).
In der Bezeichnung „Osning" steckt nach GRIMM (wie Anm. 73), S. 97, die sächsische Form „os" für „ans", das einen Gott aber auch Berg bedeutete, hochdeutsch wäre es Ansing, Ensninc. Bei Theotmalli am Osning, dem heutigen Detmold, soll bekanntlich Karl der Große 783 n.Chr. eine Feldschlacht gegen die Sachsen geschlagen haben (Handbuch der Historischen Städten Deutschlands: Nordrhein-Westfalen, Stuttgart 1970, 2. Aufl., S. 156, Stichwort: Detmold).

[103] NEUBOURG, H.: Die Örtlichkeit der Varusschlacht, Detmold 1887, S. 14, zitiert für seine Deutung von „haud procul" folgende TACITUS-Textstellen: Annalen: I, 60, 3; III, 20; III, 64; IV, 47; IV 71; XII, 56; XIV, 24; XIV,5 und Historiae: II, 23; IV, 22, IV, 36. ZANGEMEISTER (Zu der Frage nach der Örtlichkeit der Varusschlacht, in: Westdeutsche Zeitschrift für Geschichte und Kunst, H.6, Trier 1887, S. 246) hält NEUBOURG vor, eine Tacitus-Stelle (Ann. IV, 5), nicht erwähnt bzw. nicht gefunden zu haben, wo sich diese kurze Distanz gerade nicht ableiten lasse.

[104] HILGERS (wie Anm. 45), S. 44, geht von 15000–20000 gefallenen Römern aus; MOMMSEN, TH.: Römische Geschichte, Bd. V, Berlin (5. Aufl.) 1904, S. 50, geht von 20000 gefallenen Römern aus, so auch HORN (wie Anm. 15), S. 660

[105] TIMPE, D.: Geographische Faktoren und politische Entscheidungen in der Geschichte der Varuszeit, in: WIEGELS/WOESLER (Hg.) (wie Anm. 4), S. 16 f.

[106] KRÜGER, B. (Hg.): Die Germanen, Bd. I., Berlin 1988 (5. Aufl.), S. 352; DELBRÜCK, H.: Geschichte der Kriegskunst, Berlin 1901, S. 36

[107] Siehe hierzu die Berichte bei TACITUS (Ann. I, 60,3 u. Ann. II, 25,1) und CASSIUS DIO (60, 8,7). Auch der zeitgenössische Bericht STRABONS (7, 1,4) geht davon aus, dass mehrere Stämme an dem Aufstand und somit an der Varusschlacht beteiligt waren.

[108] NORKUS (wie Anm. 32), S. 41

[109] NORKUS (wie Anm. 32), S. 23

[110] NORKUS (wie Anm. 32), S. 43

[111] MENGHIN, W.: Kelten, Römer und Germanen, München 1980, S. 170 f.; siehe auch TACITUS: Germania, 6,1.; HACHMANN, R. (wie Anm. 10), S. 87; TODD (wie Anm. 55), S. 39 ff.

[112] Zur damaligen Bevölkerungsdichte und zum Nahrungsangebot siehe SCHLETTE (wie Anm. 21), S. 48, 53 u. 146; TODD (wie Anm. 55), S. 52

[113] V. SCHNURBEIN, S.: Die Römer in Haltern, Münster 1979, S. 7

[114] TIMPE (wie Anm. 105), S. 16 ff.

[115] LEHMANN: Boreas 13, S. 155

[116] LEHMANN: Boreas 13, S. 152

[117] Vgl. BURRICHTER, E., POTT, R., FURCH, H.: Potentielle natürliche Vegetation, in: Geographisch-landeskundlicher Atlas von Westfalen (Lieferung 4, Doppelblatt 1 u. Begleittext, S. 9 u. 20), Münster 1988/89 (wie Anm. 38); POTT, R.: Vegetations- und Landschaftsentwicklung im unteren Weserbergland, in: Spieker –Landeskundliche Beiträge und Berichte, Bd. 37: Bielefeld und Nordost-Westfalen, hg. v. d. Geographischen Kommission für Westfalen, Münster 1995, S. 16

[118] Auffallend ist es, dass in der Literatur wohl bislang nicht das Schicksal des Trosses, der Nichtkombattanten, untersucht bzw. hinterfragt worden zu sein scheint.

[119] JOHN 1963, Sp. 929, 930

[120] LEHMANN: BOREAS 13, S. 155

[121] GECHTER (wie Anm. 15), S. 119. Zu Mänteln und Stiefeln s. auch JUNKELMANN, M.: Die Legionen des Augustus, Mainz 2003 (9. erw. Aufl.), S. 157f.

[122] Über das Bemühen der Entdeckung der Varusschlacht vgl. JOHN 1963, Sp. 922 f.

[123] LEHMANN: Boreas 13, S. 157

[124] LEHMANN: Boreas 13, S. 158

[125] U. a. SCHLÜTER, W. (Hg.): Archäologische Zeugnisse zur Varusschlacht? Die Untersuchungen in der Kalkrieser-Niewedder Senke bei Osnabrück (mit Beiträgen von F. BERGER, G. FRANZIUS u. a.), in: Germania, 70, 1992, S. 307–402

[126] WOLTERS, R.: Anmerkungen zur Münzdatierung spätaugusteischer Fundplätze, in: WIEGELS, R. (Hg.): Die Fundmünzen von Kalkriese und die frühkaiserzeitliche Münzprägung, Möhnesee 2000, S. 103 ff.; KEHNE, P.: Zur Datierung von Fundmünzen aus Kalkriese und

zur Verlegung des Enddatums des Halterner Hauptlagers in die Zeit der Germanenkriege unter Tiberius und Germanicus (10–16 n. Chr.), in: WIEGELS (Hg.), ebd., S.70 ff.; POLENZ, H.: Römer und Germanen im Raum zwischen Rhein und Weser in den ersten vier nachchristlichen Jahrhunderten, in: HORN u. a. (Hg.): Millionen Jahre Geschichte, Fundort Nordrhein-Westfalen, Mainz 2000, S. 132. Siehe hierzu auch die späteren Aufsätze von WOLTERS, R.: Hermeneutik des Hinterhalts: die antiken Berichte zur Varuskatastophe und der Fundplatz von Kalkriese, in: Klio 85, 2003, S. 131–170, und KEHNE, P.: Vermarktung contra Wissenschaft: Kalkriese und der Versuch zur Vereinnahmung der Varusschlacht, in: Die Kunde, N.F. 54, 2003, S. 93–112

[127] LEHMANN (wie Anm. 4), S. 129

[128] BERENGER, D.: Die römische Kaiserzeit, in: KOHL, W. (Hg.): Westfälische Geschichte, Bd. 1, Düsseldorf 1983, S. 178 f.; SCHLETTE (wie Anm. 21), S. 61. Siehe hierzu die experimentellen Eisenverhüttungen von H. HOLSTEN, F. NIKULKA und H. V. GARBERS (Experimentelle Archäologie in Deutschland, in: Archälogische Mitteilungen aus Nordwestdeutschland, Beih. 4., Oldenburg 1990, S. 377–404)

[129] SCHLETTE (wie Anm. 21), S. 65

[130] SCHLETTE (wie Anm. 21), S. 62

[131] WAHLE, E.: Ur- und Frühgeschichte im mitteleuropäischen Raum, in: GEBHARDT, Br. (Hg.): Handbuch der deutschen Geschichte, Bd. 1, Stuttgart 1980 (5. Aufl.), S. 132, Fußn. 4

[132] REIMANN, Chr.: Römisch-Germanische Schlachtfelder bei Krefeld, in: Archäologie in Deutschland, Heft 4/1994, S. 6 ff.

[133] KEHNE (wie Anm. 126), S. 73

[134] LEHMANN (wie Anm. 46), S. 93

Verwandtschaftsbeziehungen des Arminius

Flavus	Bruder des Arminius
Inguiomerus	Onkel des Arminius
Segestes	Schwiegervater des Arminius, Vater der Thusnelda
Segimer	Bruder des Segestes
Segimund	Sohn des Segestes, Bruder der Thusnelda
Sesithacus	Sohn des Segimer
Sigimer	Vater des Arminius und des Flavus
Thumelicus	Sohn der Thusnelda und des Arminius
Thusnelda	Frau des Arminius, Tochter des Segestes

Zeittafel und wichtige Personen

A. Römer

CAESAR, C. Julius
geb. 100 v. Chr.,   gest. 44 v. Chr.

58 – 51 v. Chr.	Eroberung Galliens, Errichtung der Provinz „Gallia transalpina"
55 u. 53 v. Chr.	Brückenschlag über den Rhein als Machtdemonstration gegenüber den Germanen
46 v. Chr.	Ernennung zum Diktator auf 10 Jahre
15.3.44 v. Chr.	Ermordung Caesars

AUGUSTUS, C. Oktavius
geb. 23.09.63 v. Chr.,   gest. 19.08.14 n. Chr.

44 v. Chr.	testamentarisch von Caesar adoptiert
31 v. Chr. – 14 n. Chr.	Herrscher des römischen Reiches mit dem Titel „princeps" alleiniger Oberbefehlshaber über das Heer
27 v. Chr.	Verleihung des Ehrennamen „Augustus" (der Erhabene) durch den Senat
	Durch Hochzeit mit Livia werden deren Söhne Tiberius und Drusus seine Stiefsöhne
16 v. Chr.	Sugambrer und Tencterer überschreiten den Rhein und bereiten dem römischen Statthalter M. Lollius eine Niederlage.
	Dieses ist für Augustus der Anlass, endgültig die Germanenfrage durch Eroberung der „Germania libera" zu lösen.
16 – 13 v. Chr.	Zur Vorbereitung dieses Ziels lange Aufenthalte in Gallien und am Rhein
	Verlegung römischer Legionen an den Rhein
	Als Ausgangslager für die Germanenfeldzüge

Errichtung der Lager castra Vetera (Xanten) und
Moguntiacum (Mainz) gegenüber den Mündungen
von Lippe und Main

DRUSUS, (maior) Nero Claudius

geb. 38 v.Chr.,   gest. 9 v. Chr

13 v. Chr.	Statthalter von Gallien und Oberbefehlshaber der „Rheinarmee", Aufbau einer Flotte, Bau des sog. Drususkanals/Verbindung des Rheins über den Lacus Flevo (Zuidersee) mit der Nordsee
12 v. Chr.	Vorstoß mit der Flotte wahrscheinlich zur Weser
11 v. Chr.	Vorstoß entlang der Lippe zur Weser, Errichtung des Lagers Oberaden
10 v. Chr.	Kämpfe mit Chatten und Sugambrern
9 v. Chr.	Vorstoß zur Elbe, auf dem Rückzug stirbt Drusus an den Folgen eines Sturzes mit dem Pferd
	Der Senat verleiht ihm posthum den auf Söhne vererbbaren Siegerbeinamen „Germanicus"

TIBERIUS, Nero Claudius

geb. 42 v. Chr.,   gest. 37 n. Chr.

8 – 7 v. Chr.	Oberbefehlshaber der "Rheinarmee"
	Umsiedlung von ca. 40 000 Sugambrern auf die linke Rheinseite, Beruhigung der militärischen Lage
	Übernahme des 2. Konsulates in Rom
	[Zwischen 1 v. Chr. – 1 n. Chr. war Domitius L. Ahenorbarbus Oberbefehlshaber der „Rheinarmee". Erbauer der „pontes longi" (Bohlenwege durch Sumpfgebiet). Ihm folgte als Oberbefehlshaber 1 – 3 n. Chr. M. Vinicius, der nach dem Zeitgenossen Velleius Paterculus schwere Kämpfe im rechtsrheinischen Germanien zu bestehen hatte.]
4 n. Chr.	Adoption durch Augustus als Tiberius, Julius Caesar

Augustus mit der Auflage, seinerseits den Sohn Germanicus seines toten Bruders Drusus zu adoptieren.

Erneut Oberbefehlshaber der „Rheinarmee", Vorstoß an die Weser, Winterlager an der oberen Lippe

Verträge mit den Cheruskern

5 n. Chr.	Kombinierter Heeres- und Flottenvorstoß zur Elbe
	Germanien gilt als befriedet
6 n. Chr.	Beginn der römischen Großoffensive gegen die unter ihrem Führer Marbod als Bedrohung angesehenen Markomannen im heutigen Böhmen
	Abbruch des Feldzuges, da
6 – 9 n. Chr.	Aufstand in Pannonien (Teile des heutigen Ungarns und Kroatiens) alle römischen Kräfte bindet. Arminius soll sich dort als Führer germ. Hilfstruppen ausgezeichnet haben.
14 – 37 n. Chr.	Nach dem Tod des Augustus sein Nachfolger im Prinzipat

VARUS, Publius Quinctilius

geb. 46 v. Chr., gest. 9 n. Chr.

13 v. Chr.	Konsul, gemeinsam mit Tiberius
	Verheiratet mit der Großnichte Claudia Pulchra des Augustus
6 – 3 v. Chr.	Statthalter in Syrien, als Oberbefehlshaber Niederschlagung jüdischer Aufstände
7 – 9 n. Chr.	Übernahme des Oberkommandos am Rhein als „Statthalter für Gallien" und Oberbefehlshaber der „Rheinarmee" mit dem Auftrag, die Provinzwerdung Germaniens einzuleiten
9 n. Chr.	Sommerlager an der Weser (mutmaßlich im Raum Hameln)
	Kämpfe mit Germanen unter Arminius („Clades Variana"), Niederlage in der sog. Schlacht am Teutoburger Wald. Er nimmt sich auf dem Schlachtfeld das Leben.

GERMANICUS, Julius Tiberius
geb. 15 v. Chr.,   gest. 19 n. Chr.

13 – 16 n. Chr.	Oberbefehlshaber der „Rheinarmee"
14 – 16 n. Chr.	Die Germanenfeldzüge des Germanicus:
14 n. Chr.	Feldzug gegen die Marser, Zerstörung des Tanfana-Heiligtums
15 n. Chr.	Feldzug gegen die Chatten

Befreiung des Cheruskeradligen Segestes

Gefangennahme von Thusnelda, Arminius schwangerer Frau

Bestattung der römischen Toten auf dem Varusschlachtfeld

Unentschiedene Schlacht gegen Arminius

Auf der Rückfahrt von der Ems erleidet die römische Flotte in Herbststürmen erhebliche Verluste.

A. Caecina, Feldherr des Germanicus, gerät mit vier Legionen in einen Hinterhalt von Arminius im Bereich der „pontes longi" und erreicht nur unter starken Verlusten den Rhein.

16 n. Chr.	Schlacht bei Idistaviso, danach Schlacht am sog. Angrivarierwall gegen Arminius im Großraum Minden an der Weser. Römer erklären sich zum Sieger

Auf der Rückfahrt von der Ems erleidet die Flotte wiederum in schweren Herbststürmen große Verluste.

Als Princeps ruft Tiberius daraufhin Germanicus nach Rom zurück. Befehl zur Einstellung der verlustreichen Offensiven gegen das rechtsrheinische Germanien.

17 n. Chr.	Germanicus erhält zu Ehren seiner Siege über die Germanen einen Triumphzug zugesprochen. An dem muss Thusnelda mit ihrem in der Gefangenschaft geborenen Sohn Thumelicus als Gefangene teilnehmen.

B. Arminius (germanischer Gegenspieler der Römer)

ARMINIUS (lat. Name)

(eingedeutscht als „Hermann der Cherusker")

geb. 18. oder 16 v. Chr.,   gest. 21 n. Chr.

	stammt aus einem vornehmen Adelsgeschlecht der Cherusker
	Der Vater Segimer ist vor 9 n. Chr. gestorben.
	Flavus, ein Bruder des Arminius, stand zeitlebens im römischen Militärdienst. Es ist nur sein Militärname „der Blonde" bekannt.
	Im Besitz des römischen Bürgerrechtes wird Arminius von Augustus in den römischen Ritterstand erhoben.
	Als ritterlicher Praefekt germanischer Auxiliareinheiten erfolgreiche Teilnahme am pannonischen Aufstand
	Nach Tod seines Vaters Rückkehr in die Heimat, wohl Übernahme der Rechte und Pflichten seines Vaters
9 n. Chr.	Vorbereitung, Koordinierung und Durchführung der siegreichen germanischen Kämpfe gegen das römische Heer des Varus
vor 15 n. Chr.	Heirat mit Thusnelda gegen den Willen ihres Vaters Segestes
15 – 16 n. Chr.	Befehlshaber und Koordinator der germ. Kämpfe gegen Germanicus
17 n. Chr.	Kampf mit Marbod geht zugunsten des Arminius aus
21 n. Chr.	Arminus wird von eigenen Verwandten umgebracht, weil er – so Tacitus – nach dem Abzug der Römer und der Vertreibung Marbods nach der Königsherrschaft trachtet.

Literatur

ALFÖLDI, A.: Römische Kaiserzeit, in: VALJAVEC, F. (Hg.): Römisches Weltreich und Christentum, Bd. 4, Bern 1956

BECKER, A., KÖHLER, H. J., RASBACH, G.: Der römische Stützpunkt von Waldgirmes. Archäologische Denkmäler in Hessen 148, Wiesbaden 1999

BECKER, A., RASBACH, G.: Die spätaugusteische Stadtgründung in Lahnau-Waldgirmes, in: Germania 81, 2003

BEHN, F.: Römertum und Völkerwanderung, Stuttgart o.J.

BERENGER, D.: Die römische Kaiserzeit, in: KOHL, W. (Hg.): Westfälische Geschichte, Bd. 1, Düsseldorf 1983

BERENGER, D.: Ein möglicher Wachtposten in augusteischer Zeit in Bielefeld auf der Sparrenberger Egge, in: KÜHLBORN, J. S. (Hg.): Germaniam pacavi, Münster 1995

BERENGER, D.: Zur Chronologie der vorrömischen Eisenzeit und römischen Kaiserzeit in Nordost-Westfalen, Mainz 2000

BERGER, F.: Aktuelle Varusschlachten, in: NNB (Numismatisches Nachrichtenblatt), 53. Jg., Juli 2004

BOSE, K.: Stadt, Gesellschaft, Wirtschaft im deutschen Mittelalter, in: GEBHARDT, Br. (Hg.): Handbuch der deutschen Geschichte, Bd. 7, München 1973

BREMER, E.: Die Nutzung des Wasserweges zur Versorgung der römischen Militärlager an der Lippe, in: Siedlung und Landschaft in Westfalen, Bd. 31, hg.v.d. Geographischen Kommission für Westfalen, Münster 2001 (zugleich: Veröffentlichungen der Altertumskommission für Westfalen, Bd. 12)

BURRICHTER, E., POTT, R., FURCH, H.: Potentielle natürliche Vegetation, in: Geographisch-landeskundlicher Atlas von Westfalen (Lieferung 4, Doppelblatt 1 u. Begleittext), hg. v. d. Geographischen Kommission für Westfalen, Münster 1988/89

DELBRÜCK, H.: Geschichte der Kriegskunst: Die Germanen, Hamburg 2003 (Nachdruck der Neuausgabe 2000)

DEMANDT, A: Arminius und die frühgermanische Staatenbildung, in: WIEGELS, R. u. WOESLER, W. (Hg): Arminius und die Varusschlacht, Paderborn 1995

DEROLEZ, R. L. M.: Götter und Mythen der Germanen, Wiesbaden 1963

DITT, H.: Naturräume und Kulturlandschaften Westfalens, in: Der Raum Westfalen, Bd. VI (II. Teil), Münster 1996

DUERR, H. P.: Sedna oder die Liebe zum Leben, Frankfurt 1985

ELIADE, M.: Geschichte der religiösen Ideen, Bd. 1, Darmstadt 2002

FINLEY, M. J.: Die antike Wirtschaft, München 1977

FLACH, D.: Der taciteische Zugang zu der Welt der Germanen, in: WIE-GELS, R. U. WOESLER, W. (Hg): Arminius und die Varusschlacht, Paderborn 1995

GECHTER, M.: Das römische Heer in der Provinz Niedergermanien, in: HORN, H.G. (Hg): Die Römer in Nordrhein-Westfalen, Stuttgart 1987

GIANI, L.M.: Die Welt des Heiligen, München 1997

GLÜSING, P.: Die Germanen im Spannungsfeld der römischen Okkupation, in: TRIER, B. (Hg): 2000 Jahre Römer in Westfalen, Mainz 1989

GOETZ, H.W., WELWEI K.W. (Hg.): Altes Germanien, I. u. II. Teil, Darmstadt 1995
(Sämtliche antike Quellen nach Goetz/Welwei zitiert)

GOLTHER, W.: Handbuch der germanischen Mythologie, Nachdruck der Ausgabe von 1908, Stuttgart o. J.

GRAICHEN, G.: Das Kultplatzbuch, München 1991

GRAPPIN, P.: Die Mythologie der Germanen, in: GRIMAL, P. (Hg.): Mythen der Völker, Bd. III, Frankfurt 1967

GRIMM, J.: Deutsche Mythologie, Bd. 1 (Nachdruck der 4. Aufl., Berlin 1875–78), Wiesbaden o.J.

GRIMM, J.: Deutsche Rechtsalterthümer, Bd. 1 (4. Ausg.), Leipzig 1899

HACHMANN, R.: Die Germanen, München 1978 (Archäologia Mundi)

Handbuch der Historischen Städten Deutschlands: Nordrhein-Westfalen, Stuttgart 1970 (2. Aufl.)

HERZ, P.: Untersuchungen zum Festkalender der römischen Kaiserzeit nach datierten Weih- und Ehreninschriften, Mainz 1975

HILGERS, W.: Deutsche Frühzeit, Frankfurt, Berlin 1976

HOFFMANN, M.: Naturräume und naturräumliche Grenzen im südöstlichen Westfalen, in: MAYR, A. u. TEMLITZ, K. (Hg.): Südost-Westfalen, Spieker – Landeskundliche Beiträge und Berichte, Bd. 35, hg. v. d. Geographischen Kommission für Westfalen, Münster 1991

HOLSTEN, H., NIKULKA, F., V. GARBERS, H.: Experimentelle Archäologie in Deutschland, in: Archälogische Mitteilungen aus Nordwestdeutschland, Beih. 4., Oldenburg 1990

HOOPS, J.: Reallexikon der Germanischen Altertumskunde, Berlin, New York 1981

HORN, H.G. (Hg.): Die Römer in Nordrhein-Westfalen, Stuttgart 1987

JOHN, W.: P. Quinctilius Varus, in: RE XXIV I, Stuttgart 1963

JUNKELMANN, M.: Die Legionen des Augustus, Mainz 2003 (9. erw. Aufl.)

KEHNE, P.: Vermarktung contra Wissenschaft: Kalkriese und der Versuch zur Vereinnahmung der Varusschlacht, in: Die Kunde, N.F. 54, 2003

KEHNE, P.: Zur Datierung von Fundmünzen aus Kalkriese und zur Verlegung des Enddatums des Halterner Hauptlagers in die Zeit der Germanenkriege unter Tiberius und Germanicus (10–16 n. Chr.). In: SCHLÜTER, W. (Hg.): Kalkriese – Römer im Osnabrücker Land, Bramsche 1993

KLUGE, F.: Etymologisches Wörterbuch der deutschen Sprache, Berlin 1960 (18. Aufl. u. 23. erw. Auflage 1999)

KÖNIG, M.: Am Anfang der Kultur, Frankfurt, Berlin, Wien 1981

KRÜGER, B. (Hg.): Die Germanen, Bd. I., Berlin 1988 (5. Aufl.)

KÜHLBORN, J. S.: Zur Geschichte des Lagers Oberaden, in: Bodenaltertümer Westfalens, Bd. 27, Münster 1992

KÜHLBORN, J. S.: Die Zeit der römischen Angriffe, in: KOHL, W. (Hg.): Westfälische Geschichte, Bd. 1, Düsseldorf 1983

KUNOW, J.: Die Militärgeschichte Niedergermaniens, in: HORN, H.G. (Hg.): Die Römer in Nordrhein-Westfalen, Stuttgart 1987

LEHMANN, G. A.: Die Varuskatastrophe aus der Sicht des Historikers, in: TRIER, B. (Hg.): 2000 Jahre Römer in Westfalen, Mainz 1989

LEHMANN, G. A.: Zum Zeitalter der römischen Okkupation Germaniens, neue Interpretationen und Quellenfunde, in: Boreas 12, 1989

LEHMANN, G. A: Zur historisch-literarischen Überlieferung der Varus-Katastrophe 9 n. Chr., in: Boreas 13, 1990

LEHMANN, G. A.: Das Ende der römischen Herrschaft, in: WIEGELS, R., WOESLER, W. (Hg.): Arminius und die Varusschlacht, Paderborn 1995

MAIER, B.: Die Religionen der Germanen, München 2003

MENGHIN, W.: Kelten, Römer und Germanen, München 1980

MOMMSEN, Th.: Römische Geschichte, Bd. V, Berlin 1904 (5. Aufl.)

MÜLLER-TEMME, E.: Niederschläge in raum-zeitlicher Verteilung, in: Geographisch-landeskundlicher Atlas von Westfalen (Lieferung 2, Doppelblatt 2 u. Begleittext), hg. v. d. Geographischen Kommission für Westfalen, Münster 1986

MÜLLER-WILLE, M: Opferkulte der Germanen und Slawen, Stuttgart 1999

NEUBOURG, H.: Die Örtlichkeit der Varusschlacht, Detmold 1887

Niedersächsisches Landesverwaltungsamt – Landesvermessung (Hg.): Die Landschaften Niedersachsens, ein topographischer Atlas, Neumünster 1970 (4. unv. Aufl.)

Niedersächsisches Landesverwaltungsamt – Landesvermessung (Hg.): Topographischer Atlas Niedersachsen und Bremen, Neumünster 1977

NORKUS, J.: Die Feldzüge der Römer in Nordwestdeutschland in den Jahren 9 – 16 n. Chr. von einem Soldaten gesehen, Hildesheim 1963

OXENSTIERNA, E.: Die Nordgermanen, Stuttgart o.J.

PFEIFER, W.: Etymologisches Wörterbuch des Deutschen, München 1999 (4. Aufl.)

POLENZ, H.: Römer und Germanen in Westfalen, Münster 1985

POLENZ, H.: Römer und Germanen im Raum zwischen Rhein und Weser in den ersten vier nachchristlichen Jahrhunderten, in: HORN u. a. (Hg.): Millionen Jahre Geschichte, Fundort Nordrhein-Westfalen, Mainz 2000

POTT, R.: Vegetations- und Landschaftsentwicklung im unteren Weserbergland, in: Spieker –Landeskundliche Beiträge und Berichte, Bd.

37: Bielefeld und Nordost-Westfalen, hg. v. d. Geographischen Kommission für Westfalen, Münster 1995

REIMANN, Chr.: Römisch-Germanische Schlachtfelder bei Krefeld, in: Archäologie in Deutschland, H. 4, 1994

SCHLETTE, F.: Germanen, Leipzig, Jena, Berlin 1980

SCHLÜTER, W. (Hg.): Archäologische Zeugnisse zur Varusschlacht? Die Untersuchungen in der Kalkrieser-Niewedder Senke bei Osnabrück (mit Beiträgen von F. Berger, G. Franzius u. a.), in: Germania, 70, 1992

SCHLÜTER, W. (Hg.): Kalkriese – Römer im Osnabrücker Land, Bramsche 1993

SIMEK, R.: Religion und Mythologie der Germanen, Darmstadt 2003

STUPPERICH, R.: Römische Toreutik und augusteische Feldzüge in Germanien, in: WIEGELS, R., WOESLER, W. (Hg.): Arminius und die Varusschlacht, Paderborn 1995

TAUSEND, K.: Wohin wollte Varus?, in: Klio 79, 1997

TIMPE, D.: Geographische Faktoren und politische Entscheidungen in der Geschichte der Varuszeit, in: WIEGELS, R., WOESLER, W. (Hg.): Arminius und die Varusschlacht, Paderborn 1995

TODD, M.: Die Germanen, Darmstadt 2000

v. PETRIKOVITS, H.: Arminius, in: Bonner Jahrbücher 166, 1966

v. RANKE-GRAVES, R.: Griechische Mythologie, Bd. I, Reinbeck 1961

v. SCHNURBEIN, S.: Die Römer in Haltern, Münster 1979

v. SCHNURBEIN, S.: Von Drusus bis Varus, in: Archäologie in Deutschland, H. 5, 2004

v. USLAR, R.: Die Germanen, Stuttgart 1980

WAHLE, E.: Ur- und Frühgeschichte im mitteleuropäischen Raum, in: GEBHARDT, Br. (Hg.): Handbuch der deutschen Geschichte, Bd. 1, Stuttgart 1980 (5. Aufl.)

WECZERKA, H: Verkehrsgeschichtliche Grundlagen des Weserraumes, in: Kunst und Kultur im Weserraum 800 – 1600, Münster 1966

WIEGELS, R.: Rom und Germanien in augusteischer und frühtiberischer Zeit, in: SCHLÜTER, W. (Hg.): Kalkriese – Römer im Osnabrücker Land, Bramsche 1993

WOLTERS, R.: Anmerkungen zur Münzdatierung spätaugusteischer Fundplätze, in: WIEGELS, R. (Hg.): Die Fundmünzen von Kalkriese und die frühkaiserzeitliche Münzprägung, Möhnesee 2000

WOLTERS, R.: Hermeneutik des Hinterhalts: die antiken Berichte zur Varuskatastophe und der Fundplatz von Kalkriese, in: Klio 85, 2003

ZANGEMEISTER: Zu der Frage nach der Örtlichkeit der Varusschlacht, in: Westdeutsche Zeitschrift für Geschichte und Kunst, H.6, Trier 1887

ZEMANEK, H.: Kalender und Chronologie, München 1987

122

Geographische Kommission für Westfalen  Landschaftsverband Westfalen-Lippe www.lwl.org

123

52. **Brose, C.**: Wetterdaten im Beratungssystem proPlant-expert.comfür Agrarinformatik.
   Vogt, E.: Atmosphärisches Ammoniak in Münster. 2005   8,90 €

SPIEKER - LANDESKUNDLICHE BEITRÄGE UND BERICHTE (1950–1995)

10. **Böttcher, G.**: Die agrargeographische Struktur Westfalens 1818-1950. 1959 3,10 €

13. **Schäfer, P.**: Die wirtschaftsgeographische Struktur des Sintfeldes. **Engelhardt, H.G.S.**: Die Hecke im nordwestl. Südergebirge. 1964   3,60 €

14. **Müller-Wille, W.**: Bodenplastik und Naturräume Westfalens. Textband und Kartenband. 1966   7,20 €

18. **Ludwig, K.-H.**: Die Hellwegsiedlungen am Ostrande Dortmunds. 1970   3,30 €

19. **Windhorst, H.-W.**: Der Stemweder Berg. 1971   3,30 €

20. **Franke, G.**: Bewegung, Schichtung und Gefüge der Bevölkerung im Landkreis Minden. 1972   3,80 €

23. **Ittermann, R.**: Ländliche Versorgungsbereiche und zentrale Orte im hessisch-westfälischen Grenzgebiet. 1975   5,10 €

26. **Der Hochsauerlandkreis im Wandel der Ansprüche.** Jahrestagung der Geogr. Kommission in Meschede 1978. Mit 10 Beiträgen. 1979   6,40 €

28. **Stadt und Dorf im Kreis Lippe in Landesforschung, Landespflege und Landesplanung.** Jahrestagung der Geogr. Kommission in Lemgo 1980. Mit 6 Beiträgen. 1981   5,10 €

29. **Becks, Fr.**: Die räumliche Differenzierung der Landwirtschaft in der Westfälischen Bucht. 1983   5,10 €

30. **Westmünsterland - Ostniederlande.** Entwicklung und Stellung eines Grenzraumes. Jahrestagung d. Geogr. Kommission in Vreden 1983. Mit 6 Beiträgen. 1984 15,30 €

31. **Westbeld, H.**: Kleinwasserkraftwerke im Gebiet der oberen Ems. Nutzung einer vernachlässigten Energiequelle. 1986   10,20 €

32. **Der Raum Dortmund** - Entwicklung, Strukturen und Planung im östlichen Ruhrgebiet. Jahrestagung der Geogr. Kommission 1985. Mit 8 Beiträgen. 1988   14,30 €

33. **Becker, G., A. Mayr, Kl. Temlitz (Hg.)**: Sauerland - Siegerland - Wittgensteiner Land. Jahrestagung der Geogr. Kommission in Olpe 1989. Mit 24 Beiträgen. 1989   19,40 €

34. **Mayr, A., Kl. Temlitz (Hg.)**: Südoldenburg-Emsland - Ein ländlicher Raum im Strukturwandel. Jahrestagung der Geogr. Kommission in Vechta 1987. Mit 8 Beiträgen. 1991   11,30 €

35. **Mayr, A., Kl. Temlitz (Hg.)**: Südost-Westfalen - Potentiale und Planungsprobleme einer Wachstumsregion. Jahrestagung der Geographischen Kommission in Paderborn 1991. Mit 28 Beiträgen. 1991   23,00 €

36. **Mayr, A., Kl. Temlitz (Hg.)**: Münsterland und angrenzende Gebiete. Jahrestagung der Geographischen Kommission in Münster 1993. Mit 30 Beiträgen. 1993   23,00 €

37. **Mayr, A., Kl. Temlitz** (Hg.): Bielefeld und Nordost-Westfalen - Entwicklung, Strukturen und Planungen im Unteren Weserbergland. Jahrestagung der Geographischen Kommission in Bielefeld 1995. Mit 33 Beiträgen. 1999   23,00 €

SIEDLUNG UND LANDSCHAFT IN WESTFALEN

6. **Brand, Fr.**: Zur Genese der ländlich-agraren Siedlungen im lippischen Osning-Vorland. 1976   5,60 €

8. **Burrichter, E.**: Die potentielle natürliche Vegetation in der Westfälischen Bucht. 1973. 2. Nachdruck 1993. Mit Kartenbeilage   15,30 €

9. **Temlitz, Kl.**: Aaseestadt und Neu-Coerde. Bildstrukturen neuer Wohnsiedlungen und ihre Bewertung. 1975   6,40 €

11. **Walter, H.-H.**: Padberg. Struktur und Stellung einer Bergsiedlung in Grenzlage. 1979
12,80 €

14. **Bertelsmeier, E.**: Bäuerliche Siedlung und Wirtschaft im Delbrücker Land. 1942. Nachdruck 1982   3,80 €

15. **Nolting, M.**: Der öffentliche Personennahverkehr im nordwestdeutschen Küstenland. 1983   5,60 €

18. **Siekmann, M.**: Die Struktur der Stadt Münster am Ausgang des 18. Jh.s - Ein Beitrag zur historisch-topologischen Stadtforschung. 1989   24,50 €

19. **Riepenhausen, H.**: Die bäuerliche Siedlung des Ravensberger Landes bis 1770. 1938. Mit einem Nachtrag von **A. Schüttler**: Das Ravensberger Land 1770 - 1986. Nachdruck 1986   12,30 €

20. **Junk, H.-K., Kl. Temlitz (Hg.)**: Beiträge zur Kartographie in Nordwestdeutschland - Die Karte als Arbeits- und Forschungsmittel in verschiedenen Berufsfeldern. 1991
21,50 €

21. **Wiegelmann-Uhlig, E.**: Berufspendler in Westfalen 1930-1970. Ein Beitrag zur regionalen Mobilität. 1994   17,90 €

22. **Becks, Fr., L. Beyer, K. Engelhard, K.-H. Otto**: Westfalen im Geographieunterricht an Beispielen der Themenkreise Moor, Landwirtschaft und Naherholung aus dem Geographisch-landeskundlichen Atlas von Westfalen. Mit zahlreichen Arbeitstransparenten und Materialien. 1995   25,00 €

23. **Mayr, A., Kl. Temlitz (Hg.)**: 60 Jahre Geographische Kommission für Westfalen - Entwicklung, Leistung, Mitglieder, Literaturdokumentation. 1996   17,90 €

24. **Schlusemann, R.**: Ein GIS-gestütztes Verfahren zur Flächenausweisung für Windkraftanlagen. 1997   10,20 €

25. **Stockmann, Cl., A. Stockmann**: Die Saline „Gottesgabe" in Rheine - Ein Beitrag zur Salzgewinnung u. Salzvermaktung in Westfalen. 1998   14,30 €

26. **Hübschen, Chr.**: Aufgegebene Eisenbahntrassen in Westfalen - Heutige Nutzung und Möglichkeiten neuer Inwertsetzung. 1999   14,30 €

27. **Burggraaff, P.**: Fachgutachten zur Kulturlandschaftspflege in Nordrhein-Westfalen. – Im Auftrag des Ministeriums für Umwelt, Raumordnung und Landwirtschaft des Landes Nordrhein-Westfalen. Mit einem Beitrag zum GIS-Kulturlandschaftskataster von **R. Plöger**. 2000   23,00 €

28. **Harteisen, U.**: Die Senne – Eine historisch-ökologische Landschaftsanalyse als Planungsinstrument im Naturschutz. 2000   16,40 €

29. **Pollmann, W.**: Die Buchenwaldgesellschaften im nordwestlichen Weserbergland. 2000   10,20 €

30. **Beyer, L.**: Geographische Erkundungen im Umfeld von Münster. Schüler lernen im Gelände. 2001

Band I: Geographische Erkundungen in den Baumbergen	20,00 €
Band II: Geographische Erkundungen am Stadtrand von Münster	15,00 €
Band I und II zusammen	30,00 €

31. **Bremer, E.**: Die Nutzung des Wasserweges zur Versorgung der römischen Militärlager an der Lippe. Mit einem Beitrag von **W. Brepohl**: Neue Überlegungen zur Varusschlacht. 2001 15,00 €

32. **Heineberg, H., Kl. Temlitz** (Hg): Strukturwandel und Perspektiven der Emscher-Lippe-Region im Ruhrgebiet. 2003 20,00 €

33. **Schelter, M.**: Angebotsplanung des Öffentlichen Personen(inter)regionalverkehrs. 2003 14,00 €

STÄDTE UND GEMEINDEN IN WESTFALEN

3. **Der Kreis Höxter.** Mit Graphiken, Fotos und 2 thematischen Karten pro Stadtbeschreibung. Hg. v. A. Mayr, A. Schüttler, Kl. Temlitz. 1996 21,90 €

4. **Der Kreis Paderborn.** Mit Graphiken, Fotos und 2 thematischen Karten pro Stadtbeschreibung. Hg. v. H. Heineberg, G. Henkel, M. Hofmann u. Kl. Temlitz. 1997
22,90 €

5. **Der Kreis Olpe.** Mit Graphiken, Fotos und 2 thematischen Karten pro Stadtbeschreibung. Hg. v. G. Becker, H. Heineberg, Kl. Temlitz u. P. Weber. 1998 22,90 €

6. **Der Hochsauerlandkreis.** Mit Graphiken, Fotos und mind. 2 thematischen Karten pro Stadtbeschreibung. Hg. v. H. Heineberg, R. Köhne, H. Richard u. Kl. Temlitz. 1999
22,90 €

7. **Der Kreis Coesfeld.** Mit Graphiken, Fotos und mind. 2 thematischen Karten pro Stadtbeschreibung. Hg. v. H. Heineberg u. Kl. Temlitz. 2000 22,90 €

8. **Die Emscher-Lippe-Region: Der Kreis Recklinghausen, die Stadt Bottrop, die Stadt Gelsenkirchen.** Mit Graphiken, Fotos und mind. 2 thematischen Karten pro Stadtbeschreibung. Hg. v. H. Heineberg, Alois Mayr, Wolfgang Seidel u. Kl. Temlitz. 2002 25,50 €

9. **Der Kreis Borken**. Mit Graphiken, Fotos und mind. 2 thematischen Karten pro Stadtbeschreibung. Hg. v. H. Heineberg u. Kl. Temlitz. 2004 26,50 €

10. **Der Märkische Kreis**. Mit Graphiken, Fotos und mind. 2 thematischen Karten pro Stadtbeschreibung. Hg. v. H. Heineberg, G. Rosenbohm u. Kl. Temlitz. 2005 26,00 €

GEOGRAPHISCH-LANDESKUNDLICHER ATLAS VON WESTFALEN

Atlasredaktion/Wissenschaftliche und kartographische Betreuung: J. Werner, Kl. Temlitz, H. Fr. Gorki, H. Heineberg, A. Mayr, H. Pohlmann

Einzelpreis je Doppelblatt u. Begleittext 10,20 €; für Seminare u. Schulklassen 2,60 € (ab 7. Lieferung 12,30 € bzw. 3,90 €)

1. Lieferung 1985, 4 Doppelblätter u. Begleittexte: 29,70 €

1. **Relief** (Themenbereich: Landesnatur). Von W. Müller-Wille (Entwurf) u. E. Th. Seraphim (Text)

10. Lieferung 2000, 4 Doppelblätter u. Begleittexte: 36,90 €

1. **Potentiale regenerativer Energien: Wind und Wasser** (Themenbereich: Landesnatur). Von St. Prott

2. **Ländliche Siedlungsformen um 1950** (Themenbereich: Siedlung). Von E. Gläßer

3. **Kulturhistorische Sehenswürdigkeiten als Objekte des Kulturtourismus** (Themenbereich: Kultur und Bildung). Von Cl. Averbeck

4. **Verarbeitendes Gewerbe und Handwerk** (Themenbereich: Gewerbliche Wirtschaft). Von G. Voppel

11. Lieferung 2002, 7 Doppelblätter u. Begleittexte: 62,00 €

1. **Potenziale regenerativer Energien: Sonne und Biomasse** (Themenbereich: Landesnatur). Von F. Bednorz

2. **Bevölkerung I: Dichte und Zahl 2000, Entwicklung 1950–2000** (Themenbereich Bevölkerung). Von H. Fr. Gorki

3. **Bevölkerung II: Entwicklung in Phasen 1939–2000, Zuwanderer 1950 und 2000** (Themenbereich Bevölkerung). Von H. Fr. Gorki

4. **Oberzentrum Dortmund: Funtionale Zentrenausstattung der Innenstadt und Standortdezentralisierungen des tertiären und quartären Sektors** (Themenbereich: Siedlung). Von H. Heineberg u. Ch. Neubauer

5. **Oberzentrum Münster: Funtionale Zentrenausstattung der Innenstadt und Standortdezentralisierungen des tertiären und quartären Sektors** (Themenbereich: Siedlung). Von H. Heineberg u. Ch. Neubauer

6. **Mittelzentren Arnsberg, Coesfeld, Emsdetten und Unna: Funktionale Zentrenausstattung (Erdgeschossnutzungen)** (Themenbereich: Siedlung). Von S. Althaus u. C. Krajewski

7. **Straßengebundener öffentlicher Personennahverkehr** (Themenbereich: Verkehr). Von S. Althaus

12. Lieferung 2005, 6 Doppelblätter u. Begleittexte: 54,00 €

1. **Gewässerversauerung** (Themenbereich: Landesnatur). Von J. Lethmate

2. **Gesundheitswesen** (Themenbereich: Siedlung). Von H. F. Gorki

3. **Landtourismus** (Themenbereich: Fremdenverkehr und Erholung). Von C. Schneider

4. **Fußballsport** (Themenbereich: Fremdenverkehr und Erholung). Von G. Katsaros

5. **Fremdenverkehr - Angebotsstruktur** (Themenbereich: Fremdenverkehr und Erholung). Von B. Linden u. P. Schnell

6. **Fremdenverkehr - Nachfragestruktur** (Themenbereich: Fremdenverkehr und Erholung). Von B. Linden u. P. Schnell

Bezug: Im Buchhandel (Aschendorff Verlag)
und bei Geographische Kommission für Westfalen,
Robert-Koch-Straße 26, D-48149 Münster,
Tel.: (02 51) 833 39 29, FAX: (02 51) 833 83 91,
Internet: www.geographische-kommission.de, E-Mail: geko@lwl.org